S.A.

I0039555

MINISTÈRE
DE L'INSTRUCTION PUBLIQUE ET DES BEAUX-ARTS.

APPLICATION DE LA LOI DU 19 JUILLET 1889.

PROJETS DE DÉCRETS

PORTANT RÈGLEMENT D'ADMINISTRATION PUBLIQUE

(EXÉCUTION DE L'ARTICLE 48 ET DES ARTICLES 12, 19, 51 ET 53.)

NOUVELLE ÉDITION AVEC EXPOSÉ DES MOTIFS.

PARIS.

IMPRIMERIE NATIONALE.

M DCCC XC.

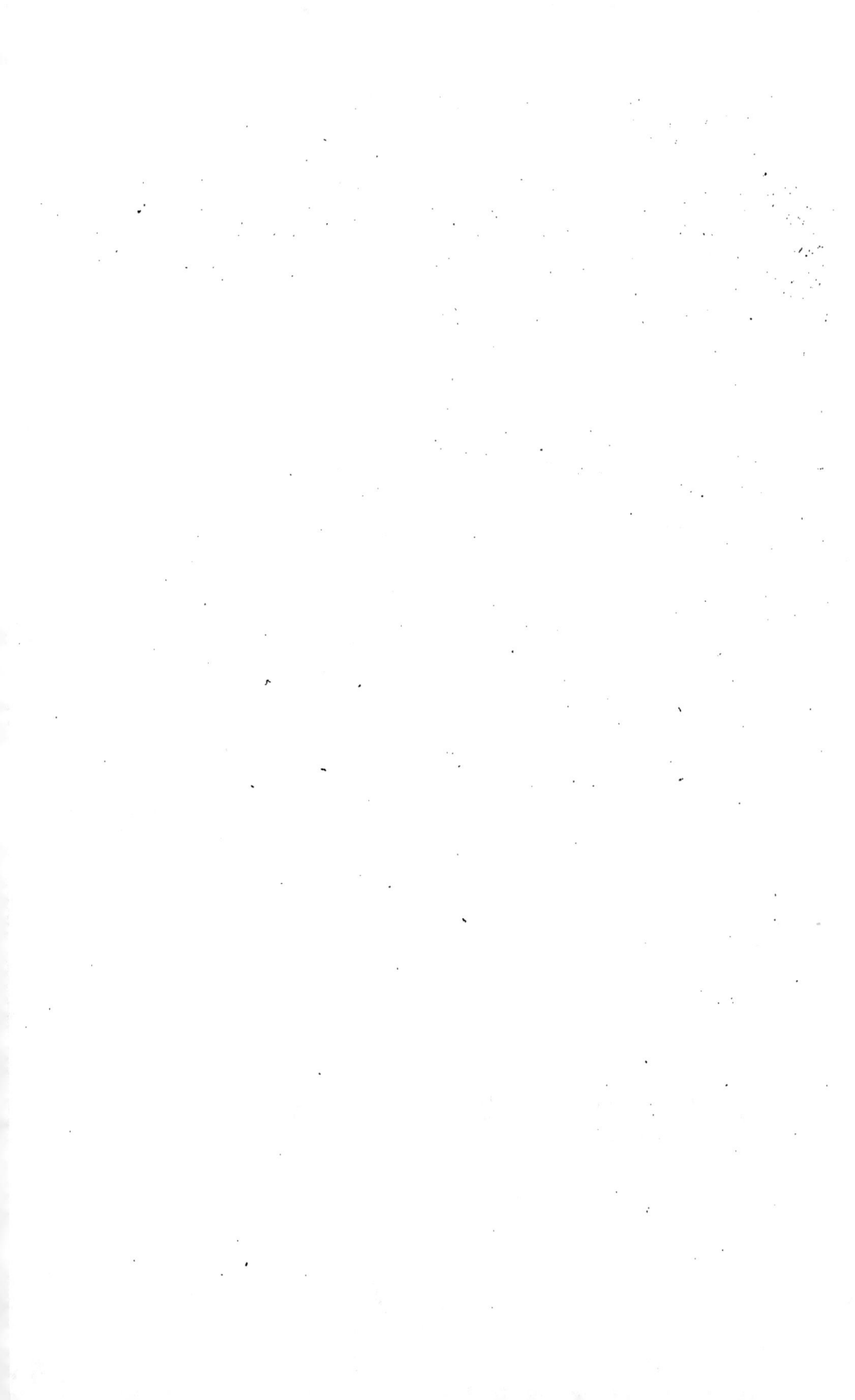

PROJETS DE DÉCRETS

PORTANT RÈGLEMENT D'ADMINISTRATION PUBLIQUE

POUR L'APPLICATION

DE LA LOI DU 19 JUILLET 1889 [1].

DÉPOT LÉGAL
Seine
n° 2814
1890

[1] La *première* série (fascicule distribué en novembre 1889) contenait les projets n°^{os} 1, 2, 3, 4, 5, 6, 7, 8 et 9. La *seconde* série (fascicule distribué en janvier 1890) contenait les projets n°^{os} 10, 11, 12, 13 et 14.

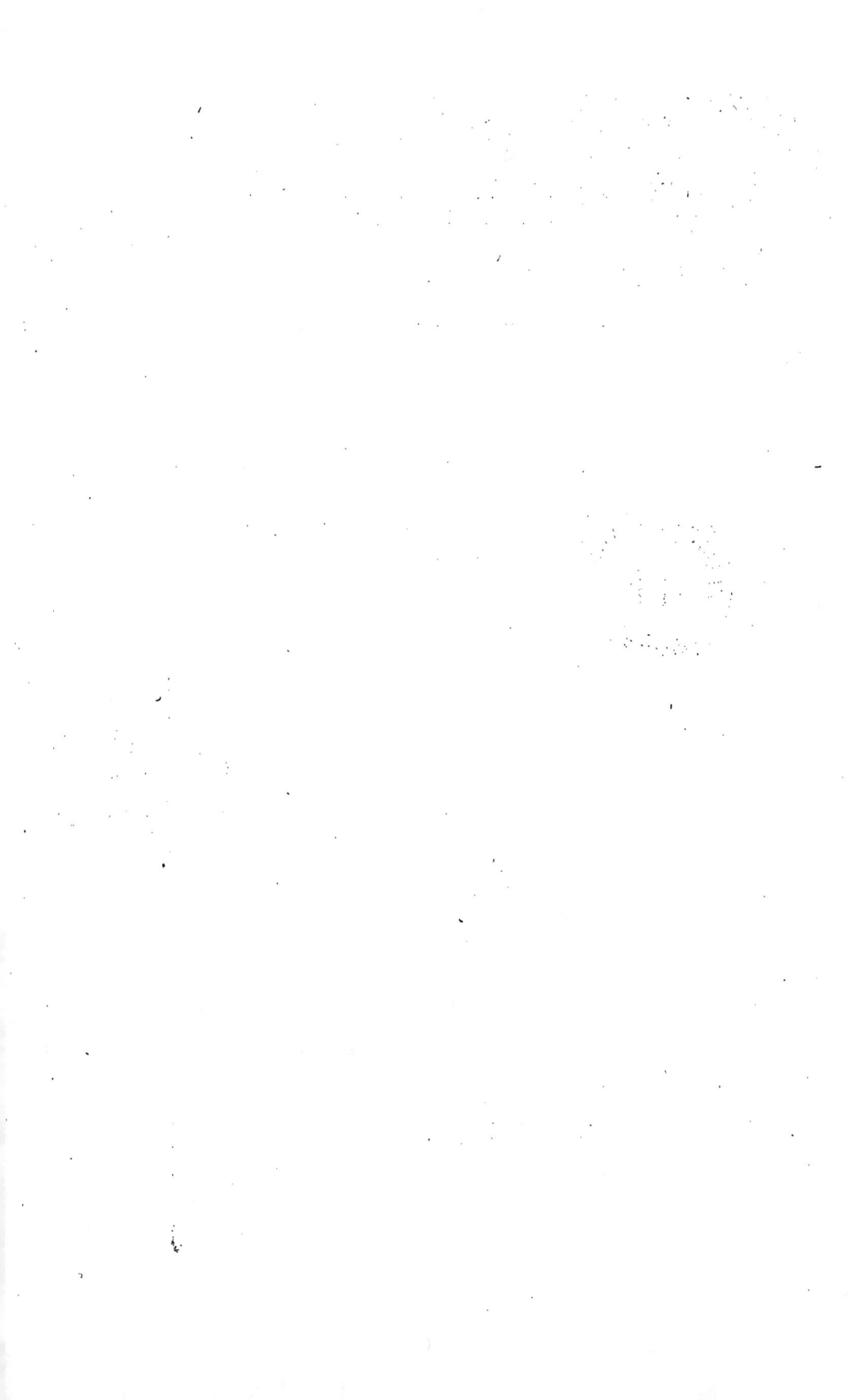

MINISTÈRE
DE L'INSTRUCTION PUBLIQUE ET DES BEAUX-ARTS.

APPLICATION DE LA LOI DU 19 JUILLET 1889.

PROJETS DE DÉCRETS

PORTANT RÈGLEMENT D'ADMINISTRATION PUBLIQUE

(EXÉCUTION DE L'ARTICLE 48 ET DES ARTICLES 12, 19, 51 ET 53.)

NOUVELLE ÉDITION AVEC EXPOSÉ DES MOTIFS.

PARIS.

IMPRIMERIE NATIONALE.

M DCCC XC.

Le présent fascicule contient deux parties :

1re PARTIE.

TEXTES DÉFINITIFS.

On trouvera en annexes les documents ci-dessous, devenus définitifs au cours de l'impression du présent fascicule :

2e PARTIE.

REGLEMENTS EN PRÉPARATION.

Ces règlements sont énumérés dans le bordereau ci-après ; chacun des projets est précédé d'un exposé des motifs.

N. B. —*Les titres des règlements ou parties de règlement encore à l'étude sont imprimés dans ce bordereau en caractères italiques.*

BORDEREAU

DE PROJETS DE RÈGLEMENTS D'ADMINISTRATION PUBLIQUE

SOUMIS AU CONSEIL D'ÉTAT.

(NOVEMBRE 1889 ET JANVIER 1890.)

NUMÉRO du PROJET dans la première distribution.	ARTICLE de LA LOI dont le projet est l'application.	TITRE DU PROJET. (résumé.)	SUITE DONNÉE.	RENVOI AUX PAGES du PRÉSENT FASCICULE.
N° 1. CHAP. 1er. (Pages 6–10 du premier fascicule.	Art. 12 et 53; art. 48, § 7.	Indemnités de résidence.	1° Règlement d'administration publique publié le 31 janvier; 2° Règlement d'administration publique publié le 31 mars. *Reste à statuer sur :* *1° Les écoles de section ;* *2° Les écoles intercommunales ;* *3° Les communes de la Seine.*	Voir le texte p. 19 Voir le texte p. 47.
N° 1. CHAP. 2. (Pag. 10–12 du premier fascicule).	Art. 48, § 15.	*Indemnités représentatives de logement*	*Projet modifié par la section et non encore soumis à l'assemblée générale.*	Voir le nouveau texte du projet, p. 97.
N° 2. (Pag. 16–18 du premier fascicule).	Art. 19.	*Écoles de Fontenay et de Saint-Cloud.*	*Idem.*	Voir le nouveau texte du projet, p. 107, et l'exposé des motifs, p. 99.
N° 3. (Pag. 22–32 du premier fascicule).	Art. 48, § 1, 2 et 3.	Matériel d'enseignement, livres et fournitures scolaires dans les écoles publiques.	Règlement d'administration publique publié le 29 janvier 1890.	Voir le texte, p. 51.
N° 4. (Pag. 36–40 du premier fascicule).	Art. 48, § 5, 6 et 14.	1° *Directeurs déchargés de classe ;* 2° *Indemnité des maîtresses de couture ;* 3° *Instituteurs suppléants départementaux.*	A l'étude.............	Voir le texte du projet, p. 95, et l'exposé des motifs, p. 89.
N° 5. TITRE 1er. (Pag. 44–48)	Art. 48, § 8.	Classement et avancement des instituteurs de Paris.	Règlement d'administration publique adopté par l'assemblée générale.	Voir le texte, p. 173

NUMÉRO du PROJET dans la première distribution.	ARTICLE de LA LOI dont le projet est l'application.	TITRE DU PROJET. (Résumé).	SUITE DONNÉE.	RENVOI AUX PAGES du PRÉSENT FASCICULE.
N° 5. TITRE II. (Pag. 49-54 du premier fascicule).	Art. 48, § 9.	Écoles normales de la Seine.	En cours de délibération à l'assemblée générale.	Voir le texte, p. 177
N° 6. (Pag. 58-89 du premier fascicule).	Art. 48, § 12 et 16.	Comptabilité d'administration des écoles normales; prestations en nature; régime des écoles annexes.	Règlement d'administration publique publié le 29 mars 1890.	Voir le texte, p. 57.
N° 7. (Pag. 92-97 et 123-124 du premier fascicule).	Art. 48, § 13.	Heures de service réglementaires et heures supplémentaires : 1° Dans les écoles normales ; 2° Dans les trois écoles nationales professionnelles : 3° Dans les écoles primaires supérieures.	A l'étude. _____	Voir le texte, p. 127 et l'exposé des motifs, p. 111.
N° 8. (Pages 100-117 du premier fascicule).	Art. 48, § 19 et 20.	Régime des écoles primaires supérieures agricoles analogue à celui du décret du 17 mars 1888 ; allocations aux maîtres d'agriculture.	Ajourné.............	Voir le texte, p. 133.
N° 9. (Pages 118-121).	Art. 48, § 18.	Transformation des écoles primaires supérieures en écoles professionnelles.	A l'étude............	Voir le texte, p. 144 et l'exposé des motifs, p. 141.
N° 10. (Pages 5-13 du deuxième fascicule).	Art. 48, § 4.	Règles et conditions d'avancement non prévues par l'article 24 : 1° Promotions annuelles des instituteurs ; 2° Dispositions transitoires de classement; 3° Classement dans les villes de 100,000 âmes ; 4° Avancement dans les écoles primaires supérieures et professionnelles.	Titre I et titre III retirés. Titre II à l'étude.	Voir la note, p. 145 et le texte de l'ancien titre II, p. 146.
N° 11. (Pag. 15-21)	Art. 48, § 12.	Régime des écoles annexes.	L'article 1er réuni avec le n° 6 (p. 57) ; les autres retirés.	Voir la note, p. 149
N° 12. (Pag. 25-28 et 31-38 du deuxième fascicule).	Art. 48, § 9.	Conditions spéciales d'organisation et de traitement des écoles primaires supérieures de Paris.	A l'étude	Voir le texte, p. 158 et l'exposé des motifs, p. 152.

NUMÉRO du PROJET dans la première distribution.	ARTICLE de LA LOI dont le projet est l'application.	TITRE DU PROJET. (résumé.)	SUITE DONNÉE.	RENVOI AUX PAGES du PRÉSENT FASCICULE.
N° 13. (Pag. 28-30 et 39-46 du deuxième fascicule),	Art. 48, § 9.	*Conditions spéciales d'organisation et de traitement des écoles professionnelles*	À l'étude............	*Voir le texte, p.* 164. *et l'exposé des motifs, p.* 151.
N° 14. (Pag. 47-50 du deuxième fascicule).	Art. 48, § 10 et 11.	Primes d'arabe ; indemnités de résidence en Algérie (territoire civil); allocations en territoire de commandement.	En cours de délibération	*Voir la note, p.* 171.

PREMIÈRE PARTIE.

TEXTES DÉFINITIFS.

LOI DU 19 JUILLET 1889

*sur les dépenses ordinaires de l'Instruction primaire publique
et les traitements du personnel de ce service.*

CHAPITRE PREMIER.

DÉPENSES ORDINAIRES DE L'ENSEIGNEMENT PRIMAIRE PUBLIC.

ART. 1er. Les dépenses ordinaires de l'enseignement primaire public sont à la charge de l'État, des départements et des communes, selon les règles édictées par la présente loi.

ART. 2. Sont à la charge de l'État :

1° Les traitements du personnel des écoles élémentaires et des écoles maternelles créées conformément aux articles 13 et 15 de la loi organique du 30 octobre 1886 ;

2° Les traitements du personnel des écoles primaires supérieures et des écoles manuelles d'apprentissage créées conformément aux articles 13 et 28 de la loi organique ;

3° Les suppléments de traitement prévus aux articles 8 et 9 ;

4° Les traitements du personnel des écoles normales ;

5° Les traitements du personnel de l'administration et de l'inspection ;

6° Les frais de tournées et de déplacement des fonctionnaires de l'inspection ;

7° Les frais d'entretien des élèves dans les écoles normales et, en général, les dépenses de ces écoles non prévues à l'article suivant ;

8° L'allocation afférente à la médaille d'argent prévue à l'article 45 de la présente loi.

ART. 3. Sont à la charge des départements :

1° L'indemnité prévue à l'article 23 ;

2° L'entretien et, s'il y a lieu, la location des bâtiments des écoles normales ;

3° L'entretien et le renouvellement du mobilier de ces écoles et du matériel d'enseignement ;

4° Le loyer et l'entretien du local et du mobilier destinés au service départemental de l'Instruction publique ;

5° Les frais de bureau de l'inspecteur d'académie ;

6° Les imprimés à l'usage des délégations cantonales et de l'administration académique ;

7° Les allocations aux chefs d'atelier, contremaîtres et ouvriers chargés par les départements de l'enseignement agricole, commercial ou industriel dans les écoles primaires de tout ordre et dans les écoles régies par la loi du 11 décembre 1880.

Art. 4. Sont à la charge des communes :

1° L'indemnité de résidence prévue à l'article 12 ;

2° L'entretien et, s'il y a lieu, la location des bâtiments des écoles primaires ; le logement des maîtres ou les indemnités représentatives ;

3° Les frais de chauffage et d'éclairage des classes dans les écoles primaires ;

4° La rémunération des gens de service dans les écoles maternelles publiques, et, si le conseil municipal décide qu'il y a lieu, dans les autres écoles primaires publiques ;

5° L'acquisition, l'entretien et le renouvellement du mobilier scolaire et du matériel d'enseignement ;

6° Les registres et imprimés à l'usage des écoles ;

7° Les allocations aux chefs d'atelier, contremaîtres et ouvriers chargés par les communes de l'enseignement agricole, commercial ou industriel dans les écoles primaires de tout ordre et dans les écoles régies par la loi du 11 décembre 1880.

Art. 5. Il ne pourra être créé aucun établissement d'enseignement primaire supérieur, école ou cours complémentaire, ni aucun poste dans les écoles primaires élémentaires ou maternelles, si un crédit spécial n'a été préalablement inscrit à cet effet dans la loi de finances.

Les écoles primaires supérieures et les cours complémentaires cesseront d'être entretenus par l'État, si l'effectif de l'École primaire supérieure pendant trois années consécutives s'est abaissé au-dessous de quinze élèves par année d'études, et celui du cours complémentaire au-dessous de douze élèves par année d'études.

L'approbation ministérielle requise par l'article 13 de la loi organique ne sera donnée pour les Écoles primaires supérieures et pour les cours complémentaires que si la commune s'est engagée à inscrire pour cinq ans au moins les dépenses qui lui incombent, pour ces deux établissements, au nombre des dépenses obligatoires.

CHAPITRE II.

CLASSEMENT ET TRAITEMENT DU PERSONNEL.

Art. 6. Les instituteurs et institutrices sont répartis en stagiaires et titulaires.

Les stagiaires forment un effectif de 20 p. 100.

Les titulaires se divisent en cinq classes, dont les effectifs numériques sont les suivants :

5ᵉ classe........................	35 p. 100	de l'effectif total.
4ᵉ classe........................	25 p. 100	—
3ᵉ classe........................	15 p. 100	—
1ʳᵉ et 2ᵉ classes.................	5 p. 100	—

Ces classes sont attachées à la personne et peuvent être attribuées sans déplacement.

ART. 7. Le traitement des instituteurs et institutrices de chaque classe est fixé ainsi qu'il suit :

INSTITUTEURS.		INSTITUTRICES.	
5ᵉ classe.............	1,000ᶠ	5ᵉ classe.............	1,000ᶠ
4ᵉ classe.............	1,200	4ᵉ classe.............	1,200
3ᵉ classe.............	1,500	3ᵉ classe.............	1,400
2ᵉ classe.............	1,800	2ᵉ classe.............	1,500
1ʳᵉ classe.............	2,000	1ʳᵉ classe.............	1,600

ART. 8. Les titulaires chargés de la direction d'une école comprenant plus de deux classes reçoivent à ce titre un supplément de traitement de 200 francs. Ce supplément est porté à 400 francs si l'école comprend plus de quatre classes.

ART. 9. Dans les écoles qui comprennent une classe d'enseignement primaire supérieur, dite cours complémentaire, le maître chargé de ce cours reçoit un supplément de traitement de 200 francs.

ART. 10. Indépendamment du traitement fixé aux articles précédents, les instituteurs et les institutrices titulaires ont droit :

1° Au logement ou à l'indemnité représentative fixée par arrêtés préfectoraux ;

2° A une indemnité de résidence dans les cas prévus à l'article 12.

L'indemnité de résidence n'est pas soumise à retenue, sauf l'exception prévue aux dispositions transitoires de l'article 32, § 2.

ART. 11. Les instituteurs et institutrices stagiaires reçoivent un traitement de 800 francs et l'indemnité de résidence dans les conditions déterminées à l'article 12.

Ils ont droit au logement ou à l'indemnité représentative.

Ils forment une classe unique.

ART. 12. L'indemnité de résidence est fixée, pour les maîtres désignés aux articles 8, 9, 14 et 15, à :

100 francs dans les localités dont la population agglomérée est
     de............　　1,000 à　　3,000 habitants
200 francs de.............　　3,001 à　　9,000　　—
300 francs de.............　　9,001 à　　12,000　　—
400 francs de.............　12,001 à　.18,000　　—
500 francs de.............　18,001 à　35,000　　—
600 francs de.............　35,001 à　60,000　　—
700 francs de.............　60,001 à　100,000　　—
800 francs de.............　100,000 et au-dessus.
2,000 francs dans la ville de Paris.

Elle est de moitié des chiffres ci-dessus pour tous les autres instituteurs et institutrices titulaires, et du quart pour les stagiaires établis dans les localités ci-dessus énumérées.

Les communes chefs-lieux de canton ayant moins de 1,000 habitants de population agglomérée sont assimilées, quant à l'indemnité de résidence, aux localités de 1,000 à 3,000 habitants.

Dans les villes de plus de 100,000 âmes et dans les communes du département de la Seine comprises dans les catégories ci-dessus, le taux de cette indemnité sera élevé, s'il y a lieu, pour parfaire, avec le traitement légal nouveau, tant pour les instituteurs et les institutrices en exercice que pour leurs successeurs, le chiffre des émoluments régulièrement soumis à retenues tel qu'il résulte de la moyenne des trois années antérieures à l'exercice 1889. Dans aucun cas, la part contributive de l'État n'excédera le produit des 4 centimes.

Un règlement d'administration publique dressera, d'après les bases ci-dessus indiquées pour chacune de ces communes, et pour les diverses catégories du personnel, le tableau des indemnités de résidence.

Les maîtres titulaires ou stagiaires des écoles de section établies hors du chef-lieu de la commune profiteront de l'indemnité de résidence si la section rentre, par sa population agglomérée, dans une des catégories établies par le premier paragraphe de l'article.

ART. 13. Les directeurs, directrices, instituteurs adjoints, institutrices adjointes des écoles primaires supérieures, les directeurs, directrices et professeurs d'écoles normales, les économes de ces dernières écoles et les inspecteurs primaires sont répartis en cinq classes dans les proportions suivantes :

  5ᵉ classe........................　30 p. 100 de l'effectif total.
  4ᵉ classe........................　25 p. 100　　—
  3ᵉ classe........................　20 p. 100　　—
  2ᵉ classe........................　15 p. 100　　—
  1ʳᵉ classe........................　10 p. 100　　—

Ces classes sont attachées à la personne et peuvent être attribuées dans déplacement.

ART. 14. Le traitement des directeurs et directrices d'écoles primaires supérieures est fixé ainsi qu'il suit:

5e classe	1,800f
4e classe	2,000
3e classe	2,200
2e classe	2,500
1re classe	2,800

Ils reçoivent, en outre, l'indemnité de résidence prévue à l'article 12.

Ils ont droit au logement ou à l'indemnité représentative.

ART. 15. Le traitement des instituteurs adjoints et des institutrices adjointes des écoles primaires supérieures est fixé ainsi qu'il suit:

5e classe	1,100f
4e classe	1,300
3e classe	1,600
2e classe	1,900
1re classe	2,100

Ils reçoivent, en outre, l'indemnité de résidence prévue à l'article 12.

Ils ont droit au logement ou à l'indemnité représentative.

Les maîtres auxiliaires chargés d'enseignements accessoires dans les écoles primaires supérieures, dans les conditions prévues par les articles 20 et 28 de la loi du 30 octobre 1886 [1], reçoivent une allocation calculée sur le pied de 50 à 100 francs par an pour chaque heure d'enseignement par semaine. Cette allocation n'est pas soumise à retenue.

ART. 16. Dans les écoles nationales d'enseignement primaire supérieur et professionnel, les traitements de chaque classe de fonctions naires seront de 500 francs supérieurs à ceux des écoles normale- d'instituteurs.

---

[1] Ces articles sont ainsi conçus :

ART. 20. Nul ne peut être nommé dans une école publique à une fonction quelconque d'enseignement s'il n'est muni du titre de capacité correspondant à cette fonction et tel qu'il est prévu soit par la loi, soit par les règlements universitaires.

ART. 21. Des décrets et arrêtés rendus en Conseil supérieur détermineront les conditions d'obtention.... des divers titres de capacité...., savoir : ..... les diplômes spéciaux pour les enseignements accessoires : dessin, chant, gymnastique, travaux manuels, langues vivantes, etc.

ART. 28. Les directeurs et directrices d'écoles manuelles d'apprentissage sont nommés par le Ministre de l'Instruction publique, dans les conditions prévues par la loi du 11 décembre 1880.

Le mode de nomination, l'organisation de la surveillance, les garanties de capacité requises du personnel, ainsi que toutes les questions d'exécution intéressant concurremment le Ministère de l'Instruction publique et le Ministère du Commerce et de l'Industrie seront déterminés par un règlement d'administration publique.

ART. 17. Le traitement des directeurs et directrices d'écoles normales est fixé ainsi qu'il suit :

DIRECTEURS.		DIRECTRICES.	
5ᵉ classe............	3,500ᶠ	5ᵉ classe...............	3,000ᶠ
4ᵉ classe.............	4,000	4ᵉ classe..............	3,500
3ᵉ classe............	4,500	3ᵉ classe.............	4,000
2ᵉ classe............	5,000	2ᵉ classe............	4,500
1ʳᵉ classe...........	5,500	1ʳᵉ classe...........	5,000

A Paris, ce traitement sera, pour le directeur, de 7,000 à 10,000 francs; pour la directrice, de 6,000 à 9,000 francs.

ART. 18. Le traitement des professeurs d'écoles normales est fixé ainsi qu'il suit :

HOMMES.		FEMMES.	
5ᵉ classe............	2,400ᶠ	5ᵉ classe............	2,200ᶠ
4ᵉ classe............	2,600	4ᵉ classe............	2,400
3ᵉ classe............	2,800	3ᵉ classe............	2,600
2ᵉ classe............	3,100	2ᵉ classe............	2,800
1ʳᵉ classe...........	3,400	1ʳᵉ classe...........	3,000

Les maîtres et maîtresses non pourvus du certificat d'aptitude au professorat et délégués à titre provisoire recevront un traitement unique de 2,000 francs dans les écoles normales d'instituteurs et de 1,800 francs dans les écoles normales d'institutrices.

Tous les traitements ci-dessus sont diminués de 400 francs pour les maîtres et maîtresses logés et nourris dans l'établissement.

ART. 19. Le mode et le taux de rémunération des professeurs, maîtres de conférences, économes, répétiteurs et répétitrices dans les écoles normales supérieures d'enseignement primaire seront fixés par un règlement d'administration publique, qui déterminera les cas où cette rémunération donnera lieu à une retenue pour la retraite.

ART. 20. Les directeurs et directrices, instituteurs adjoints et institutrices adjointes des écoles primaires supérieures, pourvus du certificat d'aptitude au professorat dans les écoles normales, recevront une indemnité personnelle de 500 francs soumise à retenue.

ART. 21. Dans les écoles normales dont l'effectif ne dépasse pas 60 élèves et dans celles qui n'ont que des élèves externes, les fonctions d'économe sont confiées à un des maîtres de l'école qui conserve son traitement avec une allocation supplémentaire de 500 francs.

Dans les écoles normales comptant plus de 60 élèves, les économes ne seront chargés d'aucun enseignement, sauf l'écriture et la tenue des livres. Leur traitement est fixé ainsi qu'il suit :

5ᵉ classe	1,800ᶠ
4ᵉ classe	2,000
3ᵉ classe	2,200
2ᵉ classe	2,500
1ʳᵉ classe	2,800

Ils ont droit, en outre, au logement.

ART. 22. Le traitement des inspecteurs primaires est fixé ainsi qu'il suit :

5ᵉ classe	3,000ᶠ
4ᵉ classe	3,500
3ᵉ classe	4,000
2ᵉ classe	4,500
1ʳᵉ classe	5,000

Dans le département de la Seine, les traitements seront de 6,000, 6,500, 7,000, 7,500, 8,000 francs.

Des inspectrices primaires pourront être nommées aux mêmes conditions et dans les mêmes formes que les inspecteurs.

ART. 23. Indépendamment du traitement qui leur est attribué par l'article précédent, les inspecteurs primaires ont droit à une indemnité dite départementale, qui ne pourra être inférieure à 200 francs.

ART. 24. L'avancement a lieu par classe, au fur et à mesure des vacances dans chacune des classes.

L'avancement se fait dans chaque département pour le personnel mentionné aux articles 7, 8, 9, 11 et 15.

Il se fait sur l'ensemble des fonctionnaires exclusivement au choix, pour le personnel prévu aux articles 14, 16, 17, 18, 21 et 22.

Les instituteurs et institutrices de cinquième et quatrième classes ne peuvent être promus à la classe supérieure qu'après cinq ans d'exercice dans la classe à laquelle ils appartiennent.

Ne peuvent être promus à la deuxième et à la première classe que les maîtres pourvus du brevet supérieur et ayant passé trois années au moins dans la classe immédiatement inférieure.

ART. 25. Les suppléments communaux actuellement accordés pour études surveillées pourront se confondre avec le montant de l'indemnité de résidence.

3

CHAPITRE III.

DES VOIES ET MOYENS.

Art. 26. Il est pourvu aux dépenses incombant à l'État, en vertu de l'article 2, au moyen des crédits annuels inscrits au budget du Ministère de l'Instruction publique.

Il est pourvu aux dépenses incombant aux départements et aux communes au moyen de crédits ouverts annuellement à leurs budgets, à titre de dépenses obligatoires, dans les conditions prévues par les paragraphes 1 et 2 de l'article 61 de la loi du 10 août 1871 et par l'article 149 de la loi du 5 avril 1884.

Art. 27. A partir du 1ᵉʳ janvier 1890, il sera perçu 8 centimes additionnels généraux portant sur les quatre contributions directes et dont le produit sera inscrit au budget de l'État.

A partir de la même date, il sera perçu, en addition au principal des quatre contributions directes, 12 centièmes de centime, représentant les frais de perception des 4 centimes, antérieurement perçus au profit des communes.

Le produit des 8 centimes 12 centièmes prévus aux paragraphes précédents supportera les centimes spéciaux, pour fonds de dégrèvement et de non-valeurs, suivant les taux afférents à chaque contribution.

Art. 28. Les 4 centimes communaux et les 4 centimes départementaux affectés aux dépenses obligatoires de l'enseignement primaire par les lois des 10 avril 1867, 19 juillet 1875 et 16 juin 1881, sont supprimés.

Est également supprimé le prélèvement du cinquième institué par la loi du 16 juin 1881.

CHAPITRE IV.

DISPOSITIONS SPÉCIALES À L'ALGÉRIE.

Art. 29. Sont à la charge de l'État dans les territoires civils de l'Algérie :

Le supplément pour services hors d'Europe prévu par l'article 10 de la loi du 9 juin 1853 et par l'article 22 du règlement d'administration publique du 9 novembre suivant;

La prime pour connaissance des langues arabe et kabyle.

Art. 30. Il sera prélevé au profit du budget de l'État, à partir du 1ᵉʳ janvier 1890, un sixième du produit de l'octroi de mer de l'Algérie.

ART. 31. Les traitements des instituteurs et institutrices d'Algérie sont fixés comme suit :

	INSTITUTEURS.	INSTITUTRICES.
Stagiaires......................	900^f	900^f
5° classe.........................	1,200	1,200
4° classe.........................	1,400	1,300
3°.classe.........................	1,500	1,400
2° classe.........................	1,800	1,500
1° classe.........................	2,000	1,600

Plus le quart colonial prévu à l'article 29.

Tous les autres articles de la présente loi sont applicables à l'Algérie.

CHAPITRE V.

DISPOSITIONS TRANSITOIRES.

ART. 32. Si le total des allocations attribuées en vertu de la présente loi à l'instituteur ou à l'institutrice actuellement en fonctions, tant comme traitement et supplément de traitement que comme indemnité de résidence, est inférieur au traitement garanti dont ils jouissent (en dehors des suppléments accordés par les communes à titre facultatif depuis la loi du 16 juin 1881), la différence est à la charge de l'État.

Le traitement garanti par la disposition qui précède continuera à subir la retenue et entrera en compte pour la liquidation de la pension.

ART. 33. Les instituteurs dont les traitements seraient inférieurs à 1,200 francs, au cas où, pendant cinq années, ils n'auraient pas reçu ou ne recevraient pas d'avancement, bénéficieront, à l'expiration de la cinquième année, d'une augmentation de 100 francs, jusqu'à ce qu'ils aient atteint le traitement de 1,200 francs.

ART. 34. La répartition, dans les nouvelles classes créées par la présente loi, des maîtres et maîtresses actuellement en fonctions, sera effectuée d'après le montant incombant à l'État du traitement garanti à chacun d'eux, en vertu de l'article 32 ci-dessus, déduction faite des suppléments prévus aux articles 8, 9 et 29.

Les maîtres et maîtresses seront placés dans la classe dont le traitement correspond à leur traitement calculé comme il est dit ci-dessus; si ce traitement ne coïncide pas avec un de ceux qui sont prévus à l'article 7, ils seront placés dans la classe dont le traitement est immédiatement inférieur.

Toutefois, aucun instituteur ou institutrice titulaire, s'il ne compte

3.

pas le nombre d'années de services indiqué ci-dessous, ne pourra prendre rang dans une des classes suivantes :

Pour la 4ᵉ classe................................... 5 ans.
Pour la 3ᵉ classe................................... 10 ans.
Pour la 2ᵉ classe.................................. 15 ans.
Pour la 1ʳᵉ classe.................................. 20 ans.

Les adjoints et adjointes actuellement en exercice et comptant plus de cinq années de services dans l'enseignement public seront réputés avoir achevé le stage et seront dispensés de la production du certificat d'aptitude pédagogique exigé par la loi du 30 octobre 1886 ; ils prendront rang dans la classe nouvelle à laquelle ils appartiendront par application du présent article, défalcation faite des cinq années comptées comme stage.

ART. 35. Par dérogation au dernier paragraphe de l'article 24, pourront être promus à la deuxième et à la première classe tous les maîtres actuellement en fonctions qui ne seront pas pourvus du brevet supérieur.

ART. 36. Une sixième classe provisoire comprendra les titulaires dont les traitements seraient inférieurs à celui de la 5ᵉ classe.

Outre la classe permanente prévue à l'article 11, une seconde classe provisoire de stagiaires comprendra ceux dont les traitements sont inférieurs au taux prévu par la présente loi.

ART. 37. Des augmentations de traitements de 50 et de 100 francs seront accordées, dans la mesure des crédits disponibles, aux maîtres et maîtresses placés dans la sixième classe provisoire de titulaires et dans la seconde classe provisoire de stagiaires, jusqu'à ce qu'ils aient été pourvus des traitements afférents aux classes définitives.

ART. 38. Il ne pourra être pourvu, par voie d'avancement, qu'à une vacance sur deux dans les première, deuxième et troisième classes, jusqu'à ce que le personnel placé dans les classes provisoires ait pu être pourvu du traitement des classes définitives.

ART. 39. Tant qu'il existera des maîtres ou maîtresses placés dans la sixième classe provisoire par application de l'article 36, les institutrices débuteront, après leur stage, au traitement de 900 francs et seront placées dans cette même classe provisoire.

ART. 40. Il sera formé, dans chaque département, pour chaque classe d'instituteurs et d'institutrices titulaires et stagiaires, un tableau d'avancement où ils prendront rang entre eux par ordre d'ancienneté.

ART. 41. Le classement et la formation du tableau seront effectués par une Commission spéciale composée de l'inspecteur d'Académie, *président;* des inspecteurs primaires, du directeur et de la directrice d'école normale et de deux délégués du Conseil départemental élus par ce Conseil.

La même Commission établira le classement et le tableau des instituteurs adjoints et des institutrices adjointes des écoles primaires supérieures.

Elle leur appliquera les dispositions des paragraphes 1 et 2 des articles 32 et 34.

ART. 42. Par dérogation aux dispositions de l'article 24, il ne sera exigé aucune condition d'ancienneté de classe, pour l'avancement, tant au choix qu'à l'ancienneté, des instituteurs et institutrices, qui :

Ayant plus de 10 ans de services, seraient placés dans la 5ᵉ classe ;

Ayant plus de 15 ans, seraient placés dans la 4ᵉ ;

Ayant plus de 20 ans, seraient placés dans la 3ᵉ ;

Ayant plus de 25 ans, seraient placés dans la 2ᵉ.

ART. 43. Les dispositions des articles 32 et 34, §§ 1 et 2, sont applicables au personnel de l'instruction primaire mentionné aux articles 14, 17, 18, 21 et 22 de la présente loi.

Le classement et la formation du tableau seront effectués par une Commission composée : du directeur de l'enseignement primaire, *président;* des inspecteurs généraux de l'enseignement primaire et de deux délégués du Conseil supérieur de l'Instruction publique élus par ce Conseil.

ART. 44. Par dérogation au paragraphe 2 de l'article 4 de la présente loi, des subventions pourront être accordées par l'État, pour loyer de maisons d'école, aux communes dont le centime n'excède pas 30 francs, dans les limites du crédit ouvert à cet effet chaque année au budget, pendant une période de cinq années.

CHAPITRE VI.

DISPOSITIONS DIVERSES.

ART. 45. Les instituteurs et institutrices des écoles primaires élémentaires et maternelles qui auront obtenu la médaille d'argent recevront une allocation annuelle et viagère, non soumise à retenue, de 100 francs.

Cette allocation sera caduque en cas de révocation ou de démission, à moins que la démission ne soit fondée sur des raisons de santé reconnues valables par le Conseil départemental.

Les médailles d'argent ne pourront être accordées que sur la proposition de la Commission instituée à l'article 41 et dans la limite du crédit spécial qui sera ouvert à cet effet au budget du Ministère de l'instruction publique.

Les autres conditions auxquelles sera subordonnée la concession desdites médailles seront déterminées par des arrêtés ministériels rendus après avis du Conseil supérieur de l'Instruction publique.

Art. 46. Dans les écoles mixtes provisoirement dirigées par des instituteurs, conformément à l'article 6, § 3, de la loi du 30 octobre 1886, il sera alloué aux maîtresses chargées de l'enseignement de la couture une indemnité payée sur les fonds d'État.

Cette indemnité n'est pas soumise à retenue.

Art. 47. Les écoles normales primaires constitueront des établissements publics.

Toutefois les Conseils généraux donneront leur avis sur les budgets et les comptes de ces établissements.

Il est institué auprès de chaque école normale un conseil d'administration nommé pour trois ans. Ce conseil est composé : de l'inspecteur d'Académie, *président ;* de 4 membres désignés par le recteur, et de 2 conseillers généraux élus par leurs collègues.

Art. 48. Il est statué par des règlements d'administration publique rendus après avis du Conseil supérieur de l'instruction publique, et, en outre, s'il s'agit de l'enseignement agricole, après avis du Conseil supérieur de l'agriculture, et, s'il s'agit de l'enseignement industriel et commercial, après avis du Conseil supérieur de l'enseignement technique :

1° Sur le nombre et la nature des objets composant le matériel obligatoire d'enseignement dans chaque catégorie d'écoles et sur les conditions dans lesquelles ce matériel sera mis à la disposition des maîtres et des élèves;

2° Sur les conditions dans lesquelles les conseils municipaux pourront procurer, soit aux élèves indigents, soit à tous les élèves des écoles publiques, la fourniture gratuite de livres de classe choisis conformément aux règlements arrêtés par le Conseil supérieur;

3° Sur le nombre et la nature des registres et imprimés à l'usage des écoles, prévus par l'article 4, § 6;

4° Sur les règles et conditions d'avancement qui ne sont pas prévues à l'article 24;

5° Sur les conditions dans lesquelles les directeurs et directrices d'écoles de plus de cinq classes pourront être dispensés de tenir une classe;

6° Sur les conditions de nomination et d'exercice des instituteurs suppléants, chargés de remplacements provisoires, en cas de maladie, de suspension ou de congé régulier des titulaires;

7° Sur le mode de payement des indemnités de résidence à la charge des communes;

8° Sur un mode spécial de classement et d'avancement des instituteurs et institutrices de Paris en rapport avec les ressources affectées par le conseil municipal de cette ville aux traitements du personnel enseignant de ses écoles;

9° Sur les conditions spéciales d'organisation et de fixation des traitements du personnel des écoles primaires supérieures et des écoles professionnelles de la ville de Paris ainsi que des écoles normales de la Seine;

10° Sur le taux des primes pour connaissance des langues arabe ou kabyle; sur le taux des indemnités de résidence dans les territoires civils de l'Algérie;

11° Sur les allocations et indemnités diverses des maîtres exerçant dans les territoires de commandement de l'Algérie;

12° Sur les règles d'administration et de comptabilité des écoles normales primaires, et notamment sur le régime des écoles annexes;

13° Sur le nombre des heures de service exigées du personnel (professeurs, maîtres adjoints délégués, directeurs d'écoles annexes, maîtres auxiliaires, économes, etc.) dans les écoles normales, les écoles nationales professionnelles et les écoles primaires supérieures; sur le mode de rétribution des heures de service supplémentaires;

14° Sur le taux et les conditions d'obtention des indemnités pour maîtresses de couture prévues à l'article 46;

15° Sur le taux des indemnités représentatives de logement prévues à l'article 4, § 2, pour le personnel enseignant des écoles primaires de tout ordre;

16° Sur les prestations en nature à concéder au personnel des écoles normales primaires et des écoles primaires supérieures;

17° Sur la fixation des taux et des conditions de payement des dépenses relatives aux commissions d'examens des différents titres de capacité de l'enseignement primaire;

18° Sur les conditions dans lesquelles les écoles primaires supérieures ou les cours complémentaires donnant l'enseignement industriel ou commercial devront, pour être entretenus par l'État, aux termes de la présente loi, être placés sous le régime de la loi du 11 décembre 1880 et du règlement d'administration publique du 17 mars 1888;

19° Sur le régime analogue à celui du paragraphe précédent qui devra être appliqué aux écoles et aux cours donnant l'enseignement agricole;

20° Sur les conditions dans lesquelles une indemnité annuelle non soumise à retenue sera attribuée aux fonctionnaires pourvus du certificat d'aptitude au professorat des écoles normales et des écoles primaires supérieures qui, après avoir fait un stage de deux ans au moins, soit dans une des écoles nationales d'arts et métiers, soit dans une école supérieure de commerce, soit dans d'autres établissements d'enseignement technique à déterminer par un décret, seraient chargés, dans les écoles primaires supérieures ou dans les cours complémentaires, de l'enseignement industriel ou commercial, par arrêté du Ministre de li'nstruction publique, pris sur l'avis conforme du Ministre du commerce et de l'industrie.

ART. 49. Le nouveau classement des instituteurs et des institutrices par application de la présente loi aura son effet à partir du 1er janvier 1889.

ART. 50. En vue des promotions annuelles des instituteurs et institutrices, l'inspecteur d'Académie préparera chaque année, sur le rapport des inspecteurs primaires, des listes de présentation qui seront arrêtées par le conseil départemental.

Sur le vu de ces listes, le Ministre fixera le nombre des promotions à accorder à chaque département dans la mesure des crédits disponibles.

Ces listes de présentation seront dressées à l'époque de la rentrée des classes, et toutes les promotions partiront du 1er janvier suivant.

Aucune promotion ne pourra avoir lieu à une autre date.

ART. 51. Jusqu'à complète application de la loi du 30 octobre 1886, les instituteurs et institutrices congréganistes actuellement en exercice dans les écoles publiques continueront à recevoir les traitements dont ils seront en possession à la date de la promulgation de la présente loi.

ART. 52. Les classes provisoires mentionnées à l'article 36 cesseront d'exister et les instituteurs et institutrices seront répartis entre les classes permanentes, suivant les proportions déterminées à l'article 6, dans un délai qui ne pourra excéder huit années à partir de la promulgation de la présente loi.

ART. 53. La disposition finale du paragraphe 4 de l'article 12 sera appliquée immédiatement après la promulgation de la loi aux cinq villes qui jusqu'ici n'ont pas joui de l'exonération du prélèvement du cinquième. Elle sera appliquée progressivement, dans le délai de huit années, aux autres communes de plus de 100,000 âmes visées dans ledit paragraphe.

Le règlement d'administration publique prévu à l'article 12 déterminera :

1° Pour les villes de plus de 100,000 âmes et pour chacune des huit années, le chiffre de la réduction à opérer sur la dernière subvention annuelle qu'elles auront reçue de l'État pour les traitements des instituteurs et des institutrices;

2° Pour les communes du département de la Seine, le chiffre de la subvention additionnelle qu'elles continueront à recevoir de l'État et qui ne pourra être supérieure au montant du traitement légal nouveau.

ART. 54. Sont et demeurent abrogés :

La loi du 19 juillet 1875;

Les articles 3 et 4 de la loi du 9 août 1879;

Les articles 2 à 6 de la loi du 16 juin 1881 sur la gratuité;

Le deuxième paragraphe de l'article 17 de la loi du 28 mars 1882;

Et, en général, toutes les dispositions contraires à celles de la présente loi.

DÉCRET DU 31 JANVIER 1890

portant règlement d'administration publique relatif aux indemnités de résidence dues au personnel enseignant des écoles primaires publiques. Tableau y annexé.

Le Président de la République française,

Sur le rapport du Ministre de l'Intérieur, du Ministre des Finances et du Ministre de l'Instruction publique;

Vu la loi du 19 juillet 1889, et notamment les articles 4, 12, 48 et 53 de cette loi;

Vu la loi du 30 octobre 1886;

Vu la loi du 9 juin 1853, et notamment l'article 4;

Vu l'avis du Conseil supérieur de l'Instruction publique en date du 8 novembre 1889;

Le Conseil d'État entendu,

Décrète :

Art. 1er. Les indemnités de résidence dues au personnel enseignant des écoles primaires publiques sont fixées pour chaque commune conformément aux indications du tableau annexé au présent décret.

Ce tableau sera revisé à la suite du recensement général de la population par décret rendu dans la forme des règlements d'administration publique. Cette révision ne produira d'effet qu'à partir du 1er janvier suivant. Il sera statué ultérieurement sur les indemnités de résidence dues au personnel enseignant :

1° Dans les écoles primaires publiques pour chaque localité possédant des écoles de section;

2° Dans les écoles primaires publiques dont la circonscription s'étend sur le territoire de plusieurs communes;

3° Dans les écoles primaires publiques de la ville de Paris, des autres villes ayant plus de 100,000 habitants de population agglomérée, et des communes du département de la Seine ayant plus de 1,000 habitants de population agglomérée.

Art. 2. Les indemnités de résidence à la charge des communes seront payées mensuellement par les receveurs municipaux, après mandatement du maire. Les indemnités de 200 francs et au-dessous seront payables seulement par trimestre.

Art. 3. Toutefois, lorsque l'indemnité de résidence devra servir, en totalité ou en partie, à compléter : 1° pour les instituteurs laïques

4.

le traitement garanti soumis aux retenues pour pensions civiles, qui leur est acquis par application des articles 32, 33 et 34 de la loi; 2° pour les instituteurs congréganistes, le traitement fixe qui leur est assuré par l'article 51 de la loi, cette indemnité sera mandatée par le préfet, en même temps que le traitement à la charge de l'État, sur les crédits du Ministère de l'instruction publique. A cet effet, le montant de l'indemnité de résidence sera versé, à la fin de chaque trimestre, par le receveur municipal de la commune débitrice, à la caisse du receveur des finances de l'arrondissement, au titre de « *Fonds de concours pour dépenses publiques* ».

ART. 4. Avant l'expiration de chaque trimestre, les trésoriers généraux recevront un titre de perception, présentant le détail des indemnités de résidence à recouvrer à titre de *fonds de concours* sur les communes de leur département.

ART. 5. Les Ministres de l'Intérieur, des Finances et de l'Instruction publique et des Beaux-Arts sont chargés, chacun en ce qui le concerne, de l'exécution du présent décret, qui sera inséré au *Bulletin des lois*.

CARNOT.

Par le Président de la République :

Le Ministre de l'Intérieur,   *Le Ministre des Finances,*

CONSTANS.   ROUVIER.

Le Ministre de l'Instruction publique et des Beaux-Arts,

A. FALLIÈRES.

Annexe au règlement d'administration publique
du 31 janvier 1890.

———

Tableau des indemnités de résidence dressé par application
de l'article 12, § 5.

L'article 12 de la loi classe de la manière suivante, en neuf séries, les communes sujettes aux indemnités de résidence ci-après déterminées pour les trois catégories du personnel enseignant :

SÉRIES.	POPULATION AGGLOMÉRÉE.	TAUX DE L'INDEMNITÉ DE RÉSIDENCE POUR CHAQUE MAÎTRE.		
		Directeurs et directrices d'écoles (art. 8, 9 et 14). Instituteurs adjoints et institutrices adjointes d'écoles primaires supérieures (art. 15).	Instituteurs et institutrices titulaires dirigeant une école de moins de trois classes ou adjoints chargées de classes (art. 7).	Instituteurs et institutrices stagiaires (20 p. 100 de l'effectif total du personnel (art. 6 et 11).
1re.....	1,000 à 3,000	100f	50f	25f
2e.....	3,001 à 9,000	200	100	50
3e.....	9,001 à 12,000	300	150	75
4e.....	12,001 à 18,000	400	200	100
5e.....	18,001 à 35,000	500	250	125
6e.....	35,001 à 60,000	600	300	150
7e.....	60,001 à 100,000	700	350	175
8e.....	100,000 et au-dessus	800	400	200
9e.....	Ville de Paris.	2,000	1,000	500

N. B. — La première série contient en outre les communes, chef-lieux de canton, dont la population agglomérée est inférieure à 1,000 habitants.

Par les 8e et 9e séries et les communes du département de la Seine, il sera statué ultérieurement. (Voir les trois derniers paragraphes de l'article 1er ci-dessus.)

AIN.

1re série. — Ambérieu. — Champagne. — Hauteville. — Lagnieu. — Vilbois. — Lhuis. — Saint-Rambert. — Tenay. — Seyssel. — Culoz. — Virieule-Grand. — Bagé-le-Châtel. — Saint-Laurent. — Ceyzériat. — Coligny. — Montrevel. — Pont-d'Ain. — Pont-de-Vaux. — Pont-de-Veyle. — Saint-Trivier-de-Courtes. — Treffort. — Collonges. — Péron. — Ferney-Voltaire. — Gex. — Brénod. — Châtillon-de-Michaille. — Bellegarde. — Izernore. — Nantua. — Poncin. — Cerdon. — Jujurieux. — Chalamont. — Châtillon-sur-Chalaronne. — Meximieux. — Montluel. — Miribel. — Saint-Trivier-sur-Moignans. — Thoissey. — Montmerle. — Trévoux. — Genay. — Sathonay. — Villars.

2ᵉ série. — Belley. — Oyonnax.

4ᵉ série. — Bourg.

AISNE.

1ʳᵉ série. — Charly. — Condé. — Fère-en-Tardenois. — Coincy. — Neuilly-Saint-Front. — La Ferté-Milon. — Anizy-le-Château. — Frières-Faillouël. — Sinceny. — Viry-Noureuil. — Coucy-le-Château. — Bichancourt. — Folembray. — Craonne. — Crécy-sur-Serre. — Fargniers. — Saint-Gobain. — Athies. — Crépy. — Marle. — Tavaux-et-Pontséricourt. — Neufchâtel. — Rozoy-sur-Serre. — Dizy-le-Gros. — Montcornet. — Sissonne. — Liesse. — Saint-Erme-Outre-et-Ramecourt. — Brancourt. — Étaves-et-Bocquiaux. — Montbrehain. — Montigny-Carotte. — Prémont. — Seboncourt. — Serain — Le Catelet. — Beaurevoir. — Bellicourt. — Estrées. — Gouy. — Hargicourt. — Levergies. — Nauroy. — Vendhuile. — Moy. — Vendeuil. — La Ferté-Chevrosis. — Mont-d'Origny. — Origny-Sainte-Benoîte. — Thenelles. — Hombières. — Saint-Simon. — Flavy-le-Martel. — Jussy. — Séraucourt-le-Grand. — Vermand, — Étreillers. — Braisne. — Oulchy-le-Château. — Crouy. — Cuffies. — Vailly. — Vic-sur-Aisne. — Villers-Cotterets. — Aubenton. — La Capelle. — Buironfosse. — Bernot. — Lesquielles-Saint-Germain. — Origny-en-Thiérache. — Le Nouvion. — Boué. — Saint-Richaumont. — Lemé. — Vervins. — Wassigny. — Étreux. — Grougis. — Mennevret. — Vaux-Andigny.

2ᵉ série. — Château-Thierry. — Chauny. — La Fère. — Tergnier. — Bohain. — Fresnoy-le-Grand. — Ribemont. — Guise. — Hirson. — Saint-Michel.

3ᵉ série. — Laon. — Soissons.

6ᵉ série. — Saint-Quentin.

ALLIER.

1ʳᵉ série. — Chantelle. — Charroux. — Ébreuil. — Bellenave. — Escurolles. — Vesse. — Busset. — Le Donjon. — Jaligny. — Lapalisse. — Le Mayet-de-Montagne. — Châtel-Montagne. — Varennes-sur-Allier. — Saint-Germain-des-Fossés. — Cérilly. — Ainay-le-Château. — Hérisson. — Cosne-sur-l'Œil. — Huriel. — Marcillat. — Durdat-Larequille. — Désertines. — Néris. — Montmarault. — Bézenet. — Doyet. — Montvicq. — Bourbon-l'Archambault. — Buxières-les-Mines. — Chevagnes. — Dompierre-sur-Besbre. — Lurcy-Lévy. — Le Montet. — Deux-Chaises. — Yzeure. — Neuilly-le-Réal. — Souvigny.

2ᵉ série. — Gannat. — Saint-Pourçain-sur-Sioule. — Cusset.

3ᵉ série. — Vichy. — Commentry.

5ᵉ série. — Montluçon. — Moulins.

ALPES (BASSES-).

1ʳᵉ série. — Allos. — Barcelonnette. — Le Lauzet. — Saint-Paul. — Annot.

— Castellane. — Colmars. — Entrevaux. — Saint-André-de-Méouilles. — Senez. — Barrême. — La Javie. — Les Mées. — Oraison. — Mezel. — Moustiers-Sainte-Marie. — Riez. — Seyne. — Valensole. — Banon. — Forcalquier. — Peyruis. — Reillanne. — Saint-Étienne. — La Motte. — Noyers-sur-Jabron. — Turiers. — Volonne.

2ᵉ série. — Digne. — Manosque. — Sisteron.

ALPES (HAUTES-).

1ʳᵉ série. — Aiguilles. — L'Argentière. — Vallouise. — Briançon. — La Grave. — Le Monétier-de-Briançon. — Chorges. — Embrun. — Guillestre. — Orcières. — Savines. — Aspres-sur-Buech. — Barcillonnette. — La Bâtie-Neuve. — Laragne. — Orpierre. — Ribiers. — Rosans. — Saint-Bonnet. — Saint-Étienne-en-Dévoluy. — Saint-Firmin. — Serres. — Tallard. — Veynes.

2ᵉ série. — Gap.

ALPES-MARITIMES.

1ʳᵉ série. — Biot. — Le Bar. — Cagnès. — Le Cannet. — Mougins. — Coursegoules. — Saint-Auban. — Saint-Vallier. — Saint-Cézaire. — Vence. — Saint-Jeannet. — Breil. — Saorge. — Contes. — L'Escarène. — Peille. — Levens. — Saint-Martin-Lantosque. — Belvédère. — Roquebillière. — Utelle. — Villefranche. — Guillaumes. — Puget-Théniers. — Roquestéron. — Saint-Étienne. — Isola. — Saint-Sauveur. — Villars.

2ᵉ série. — Antibes. — Vallauris. — Grasse. — Menton. — Sospel.

4ᵉ série. — Cannes.

7ᵉ série. — Nice.

ARDÈCHE.

1ʳᵉ série. — Burzet. — Coucouron. — Joyeuse. — Largentière. — Montpezat. — Saint-Etienne-de-Lugdarès. — Thueyts. — Jaujac. — Valgorge. — Vallon. — Ruoms. — Les Vans. — Entraigues. — Vals-les-Bains. — Chomérac. — Le Pouzin. — Rochemaure. — Cruas. — Saint-Pierreville. — Villeneuve-de-Berg. — Viviers. — Teil. — Le Cheylard. — Lamastre. — Saint-Agrève. — Saint-Félicien. — Saint-Martin-de-Valamas. — Saint-Péray. — Satillieu. — Serrières. — Vernoux.

2ᵉ série. — Aubenas. — Bourg-Saint-Andéol. — Lavoulte. — Privas. — Tournon.

4ᵉ série. — Annonay.

ARDENNES.

1ʳᵉ série. — Gespunsart. — Neufmanil. — Flize. — Boulzicourt. — Vivier-au-Court. — Braux. — Château-Regnault. — Deville. — Omont. — Renwez. — Signy-l'Abbaye. — Asfeld. — Château-Porcien. — Chaumont-Porcien. — Juniville. — Novion-Porcien. — Hargnies. — Haybes. — Vireux-Wallerand. — Rocroi. — Maubert-Fontaine. — Rimogne. — Rumigny. — Signy-le-Petit. — Carignan. — Matton et Clémency. — Mouzon. — Beaumont. — Douzy. — Raucourt. — Haraucourt. — Floing. — Givonne. Saint-Menges. — Vrigne-aux-Bois. — Balan. — Bazeilles. — Donchery. — Francheval. — Pouru-Saint-Remy. — Attigny. — Busancy. — Le Chesne. — Grandpré. — Machault. — Monthois. — Tourteron.

2ᵉ série. — Nouzon. — Mézières. — Mohon. — Monthermé. — Rethel. — Fumay. — Revin. — Givet. — Vouziers.

4ᵉ série. — Charleville. — Sedan.

ARIÈGE.

1ʳᵉ série. — Ax. — La Bastide-de-Séroux. — Les Cabannes. — Bélesta. — Quérigut. — Tarascon. — Saurat. — Vicdessos. — Le Fossat. — Lézat. — Le Mas-d'Azil. — Saverdun. — Mazères. — Varilhes. — Castillon. — Bethmale. — Massat. — Oust. — Seix. — Ustou. — Sainte-Croix. — Saint-Lizier.
2ᵉ série. — Lavelanet. — Foix. — Mirepoix. — Pamiers. — Saint-Girons.

AUBE.

1ʳᵉ série. — Arcis-sur-Aube. — Chavanges. — Méry-sur-Seine. — Plancy. — Ramerupt. — Brienne-le-Château. — Soulaines. — Vendeuvre-sur-Barse. Bar-sur-Seine. — Chaource. — Essoyes. — Landreville. — Loches. — Mussy-sur-Seine. — Gyé-sur-Seine. — Les Riceys. — Marcilly-le-Hayer. — Palis. — Trainel. — Maizières-la-Grande-Paroisse. — Villenauxe. — Aixe-en-Othe. — Bouilly. — Ervy. — Estissac. — Lusigny. — Piney. — Saint-André.
2ᵉ série. — Bar-sur-Aube. — Nogent-sur-Seine. — Romilly-sur-Seine. — Sainte-Savine.
6ᵉ série. — Troyes.

AUDE.

1ʳᵉ série. — Alzonne. — Montolieu. — Capendu. — Moux. — Trèbes. — Conques. — Lagrasse. — Mas-Cabardès. — Montréal. — Monthoumet. — Peyriac-Minervois. — Azille. — Caunes. — La Redorte. — Laure. — Pépieux. — Rieux-Minervois. — Saissac. — Tuchan. — Belpech. — Fanjeaux. — Bram. — Villasavary. — Salles-sur-l'Hers. — Alaigne. — Axat. — Belcaire. — Chalabre. — Sainte-Colombe-sur-l'Hers. — Couiza. — Quillan. — Esperaza. — Saint-Hilaire. — Cuxac-d'Aude. — Fleury. — Gruissan. — Salles-d'Aude. — Durban. — Ginestas. — Argeliers. — Bize. — Ouveillan. — Saint-Marcel. — Saint-Nazaire. — Sallèles-d'Aude. — Fabrezan. — Ferrals. — Luc-sur-Orbieu. — Ornaisons. — Saint-André-de-Roquelongue. — Bizanet. — Canet. Marcorignan. — Moussan. — Fitou. — Lapalme — Leucate. — La Nouvelle. — Peyriac-de-Mer. — Portel. — Roquefort-des-Corbières.
2ᵉ série. — Castelnaudary. — Limoux. — Coursan. — Lésignan. — Sigean.
5ᵉ série. — Carcassonne. — Narbonne.

AVEYRON.

1ʳᵉ série. — Entraygues. — Espalion. — Estaing. — Laguiole. — Mur-de-Barrez. — Saint-Amans. — Saint-Chély. — Sainte-Geneviève. — Campagnac — Laissac. — Nant. — La Cavalarie. — Saint-Jean-du-Bruel. — Peyreleau — Saint-Beauzély. — Montjaux. — Viala-du-Tarn. — Salles-Curan. — Sévérac-le-Château. — Vezins. — Bozouls. — Cassagnes-Bégonhès. — Conques. — Marcillac. — Naucelle. — Pont-de-Salars. — Requista. — Rignac. — La Salvetat. — Sauveterre. — Belmont. — Camarès. — Cornus. — Vabres. — Saint-Rome-de-Tarn. — Saint-Sernin. — Laval-Roquecezière. — Asprières. — Aubin. — Montbazens. — Najac. — Rieupeyroux. — Villeneuve.
2ᵉ série. — Saint-Geniez. — Saint-Affrique. — Cransac. — Decazeville. — Villefranche.
3ᵉ série. — Rodez.
4ᵉ série. — Millau.

BELFORT (TERRITOIRE DE).

1re serie. — Bavilliers. — Châtenois. — Danjoutin. — Valdoie. — Delle. — Grandvillars. — Réchésy. — Fontaine. — Lepuix. — Rougemont (ancien canton de Massevaux).

2e série. — Beaucourt. — Giromagny.

4e série. — Belfort.

BOUCHES-DU-RHÔNE.

1re série. — Berre. — Gardanne. — Septèmes. — Istres. — Saint-Chamas. — Lambescq. — La Roque-d'Anthéron. — Saint-Cannat. — Marignane. — Peyrolles. — Jouques. — Grans. — Lançon. — Pélissanne. — Trets. — Fuveau. — Fonvielle. — Châteaurenard. — Barbentane. — Eyragues. — Graveson. — Eyguières. — Mallemort. — Orgon. — Saintes-Maries. — Maillanne. — Mouriès. — Cuges. — Gémenos. — Cassis. — Allauch. — Roqueverre. — Auriol. — Saint-Savournin.

2e série. — Martigues. — Salon. — Saint-Remy. — Tarascon. — Aubagne. — La Ciotat.

4e série. — Arles.

5e série. — Aix.

8e série. — Marseille.

CALVADOS.

1re série. — Balleroy. — Caumont. — Isigny. — Grandcamp. — Ryès. — Port-en-Bessin. — Trévières. — Bourguébus. — Mondeville. — Creully. — Courseulles. — Douvres. — Lion-sur-Mer. — Luc. — Ouistreham. — Evrecy. — Tilly-sur-Seulles. — Troarn. — Argences. — Cabourg. — Villers-Bocage. — Bretteville-sur-Laize. — Morteaux-Coulibœuf. — Thury-Harcourt. — Livarot. — Mézidon. — Orbec. — Saint-Pierre-sur-Dives. — Blangy-le-Château. — Cambremer. — Dozulé. — Dives. — Villers-sur-Mer. — Pont-l'Évêque. — Deauville. — Aunay. — Le Bény-Bocage. — Saint-Sever. — Vassy.

2e série. — Bayeux. — Falaise. — Trouville. — Condé-sur-Noireau. — Vire.

3e série. — Honfleur.

4e série. — Lisieux.

6e série. — Caen.

CANTAL.

1re série. — Laroquebrou. — Maurs. — Montsalvy. — Saint-Cernin. — Saint-Mamet-la-Salvetat. — Vic-sur-Cère. — Champs. — Mauriac. — Pleaux. — Riom-ès-Montagne. — Saignes. — Salers. — Allanche. — Marcenat. — Condat. — Murat. — Chaudesaigues. — Massiac. — Pierrefort. — Ruines.

2e série. — Saint-Flour.

4e série. — Aurillac.

CHARENTE.

1re série. — L'Houmeau-Pontouvre. — Ruelle. — Blanzac. — Hiersac. — Montbron. — La Rochefoucauld. — Rouillac. — Saint-Amand-de-Boixe. — Villebois-la-Valette. — Aubeterre. — Baignes-Sainte-Radegonde. — Barbezieux. — Brossac. — Chalais. — Montmoreau. — Châteauneuf. — Saint-Sulpice. — Segonzac. — Chabanais. — Champagne-Mouton. — Confolens. — Abzac. — Montembœuf. — Saint-Claud. — Aigre. — Mansle. — Villefagnan.

2ᵉ série. — Jarnac. — Ruffec.

4ᵉ série. — Cognac.

5ᵉ série. — Angoulême.

CHARENTE-INFÉRIEURE.

1ʳᵉ série. — Archiac. — Jonzac. — Mirambeau. — Montendre. — Montguyon. — Montlieu. — Saint-Genis. — Le Château. — Marennes. — Le Gua. — Saint-Agnant. — Saint-Pierre. — Saint-Denis. — La Tremblade. — Arvert. — Aigrefeuille. — Fouras. — Tonnay-Charente. — Ars. — La Couarde. — Courçon. — Saint-Sauveur-de-Nuaillé. — La Jarrie. — Saint-Martin. — Le Bois. — La Flotte. — Sainte-Marie. — Burie. — Cozes. — Mortagne. — Gémozac. — Pons. — Pérignac. — Saint-Porchaire. — Saujon. — Saint-Georges-de-Didonne. — Aulnay. — Loulay. — Matha. — Saint-Hilaire. — Saint-Savinien. — Tonnay-Boutonne.

2ᵉ série. — Royan. — Surgères. — Marans. — Saint-Jean-d'Angely.

4ᵉ série. — La Rochelle. — Saintes.

5ᵉ série. — Rochefort-sur-Mer.

CHER.

1ʳᵉ série. — Les Aix - d'Angillon. — Bangy. — Charost. — Mareuil-sur-Arnon. — Saint-Florent-sur-Cher. — Graçay. — Levet. — Lury-sur-Arnon. — Saint-Martin-d'Auxigny. — Menetou-Salon. — Massay. — Neuvy-sur-Barangeon. — Vierzon-Village. — Charenton-sur-Cher. — Châteaumeillant. — Culan. — Châteauneuf-sur-Cher. — Le Châtelet. — La Guerche-sur-l'Aubois. — Torteron. — Lignières. — Nérondes. — Ourouer-les-Bourdelin. — Saulzais-le-Potier. — Argent. — Aubigny-Ville. — Aubigny-Village. — La Chapelle-d'Angillon. — Henrichemont. — Léré. — Sancergues. — Sancerre. — Saint-Satur. — Vailly-sur-Sauldre.

2ᵉ série. — Mehun-sur-Yèvre. — Dun-sur-Auron. — Saint-Amand-Montrond. — Sancoins.

3ᵉ série. — Vierzon-Ville.

5ᵉ série. — Bourges.

CORRÈZE.

1ʳᵉ série. — Ayen. — Beaulieu. — Beynat. — Donzenac. — Allassac. — Juillac. — Larche. — Lubersac. — Meyssac. — Vigeois. — Argentat. — Corrèze. — Égletons. — Lapleau. — Mercœur. — La Roche-Canillac. — Saint-Privat. — Seilhac. — Treignac. — Uzerche. — Bort. — Bugeat. — Eygurande. — Meymac. — Neuvic. — Sornac.

2ᵉ série. — Ussel.

3ᵉ série. — Brive. — Tulle.

CORSE.

1ʳᵉ série. — Bocognano. — Evisa. — Plana. — Cargese. — Ota. — Salice. — Santa-Maria-Sicche. — Sari-d'Orcino. — Sarrola-Carcopino. — Soccia. — Vico. — Zicavo. — Balneca. — Borgo. — Brando. — Sisco. — Campile. — Monte. — Campitello. — Cervione. — Lama. — Luri. — Murato. — Nonza. — Canari. — Oletta. — Pero-Casevecchie. — Porta. — Rogliano. — Saint-Florent. — San-Martino-di-Lota. — San-Nicolao. — San-Piétrodi-Tenda. — Vescovato. — Loreto-di-Casinca. — Venzolasca. — Belgodere. — Calenzana. — Calvi. — L'Isle-Rousse. — Muro. — Speloncato. — Olmi-Cappella. — Calacuccia. — Castifao. — Moltifao. — Ghisoni. — Moita. — Morosaglia. — Omessa. — Piedicorte-di-Gaggio. — Piedicroce. — Pietra. — Prunelli-di-Fiumorbo. — San-Lorenzo. — Sermano. — Valle-d'Alesani. — Venaco. — Vezzani. — Levie. — Olmeto. — Propriano. — Petreto-Bicchisano. — Porto-Vecchio. — Santa-Lucia-di-Tallano. — Serra-di-Scopamene. — Sotta.

2ᵉ série. — Corte. — Bonifacio. — Sartène. — Bastelica.

4ᵉ série. — Ajaccio.

5ᵉ série. — Bastia.

CÔTE-D'OR.

1ʳᵉ série. — Arnay-le-Duc. — Meursault. — Pommard. — Savigny-les-Beaune. — Bligny-sur-Ouche. — Liernais. — Nolay. — Santenay. — Pouilly-en-Auxois. — Saint-Jean-de-Losne. — Brazey-en-Plaine. — Losne. — Seurre. — Labergement-lès-Seurre. — Aignay-le-Duc. — Baigneux-les-Juifs. — Sainte-Colombe-sur-Seine. — Laignes. — Montigny-sur-Aube. — Recey-sur-Ource. — Plombières-les-Dijon. — Fontaine-Française. — Genlis. — Gevrey-Chambertin. — Grancey-le-Château. — Is-sur-Tille. — Mirebeau. — Pontailler-sur-Saône. — Lamarche-sur-Saône. — Saint-Seine-l'Abbaye. — Selongey. — Sombernon. — Flavigny-sur-Ozerain. — Montbard. — Précy-sous Thil. — Vitteaux.

2ᵉ série. — Nuits. — Châtillon-sur-Seine. — Auxonne. — Saulieu. — Semur.

3ᵉ série. — Beaune.

6ᵉ série. – Dijon.

CÔTES-DU-NORD.

1ʳᵉ série. — Broons. — Caulnes. — Evran. — Jugon. — Matignon. — Plancoët. — Plélan-le-Petit. — Ploubalay. — Begard. — Belle-Isle-en-Terre. — Bourbriac. — Callac. — Maël-Carhaix. — Plouagat. — Pontrieux. — Rostrenen. — Saint-Nicolas-du-Pelem. — Lézardrieux. — Perros-Guirec. — Plestin-les-Grèves. — Plouaret. — La Roche-Derrien. — Tréguier. — La Chèze. — Colinée. — Corlay. — Goarec. — Loudéac. — Merdrignac. — Mur. — Plouguenast. — Uzel. — Châtelaudren. — Étables. — Binic. — Lanvollon. — Moncontour. — Paimpol. — Pléneuf. — Plœuc. — Plouha.

2ᵉ série. — Dinan. — Guingamp. — Lannion. — Lamballe. — Quintin.

4ᵉ série. — Saint-Brieuc.

CREUSE.

1ʳᵉ série. — Auzances. — Bellegarde. — Chénérailles. — La Courtine. — Crocq. — Evaux. — Felletin. — Gentioux. — Saint-Sulpice-les-Champs. — Bénévent-l'Abbaye. — Bourganeuf. — Pontarion. — Royère. — Boussac. — Chambon. — Châtelux-Malvaleix. — Jarnages. — Ahun. — Bonnat. — Dun. — Le Grand-Bourg. — Saint-Vaury. — La Souterraine.

2ᵉ série. — Aubusson. — Lavaveix-les-Mines. — Guéret.

DORDOGNE.

1ʳᵉ série. — Beaumont. — Cadouin. — Eymet. — Issigeac. — Laforce. — Lalinde. — Montpazier. — Saint-Alvère. — Sigoulès. — Vélines. — Saint-Antoine-de-Breuilh. — Villamblard. — Villefranche-de-Longchapt. — Saint-

Méard-de-Gurson. — Bussières-Badil. — Champagnac-de-Belair. — Jumilhac
le-Grand. — Lanouaille. — Mareuil. — Nontron. — Saint-Pardoux-la-Rivière.
— Thiviers. — Brantôme. — Excideuil. — Hautefort. — Saint-Astier. —
Saint-Pierre-de-Chignac. — Savignac-les-Églises. — Thenon. — Vergt. —
Monpont. — Montagrier. — Mussidan. — Neuvic. — Ribérac. — Saint-Aulaye.
— La Roche-Chalais. — Verteillac. — Belvès. — Le Bugue. — Carlux. —
Domme. — Montignac. — Saint-Cyprien. — Salignac. — Terrasson. — Ville-
franche-de-Belvès.

2ᵉ série. — Sarlat.

3ᵉ série. — Bergerac.

5ᵉ série. — Périgueux.

DOUBS.

1ʳᵉ série. — Beaume-les-Dames. — Clerval. — Isle-sur-le-Doubs. — Pierre-
fontaine. — Rougemont. — Roulans. — Vercel. — Amancey. — Audeux. —
Boussières. — Marchaux. — Lods. — Vuillafans. — Quingey. — Arc-et-Senans.
— Dampierre-le-Bois. — Mandeure. — Valentigney. — Voujeaucourt. —
Blamont. — Herimoncourt. — Seloncourt. — Maiche. — Sainte-Suzanne. —
Pont-de-Roide. — Le Russey. — Saint-Hippolyte. — Levier. — Frasne. —
Montbenoit. — Morteau. — Mouthe.

2ᵉ série. — Ornans. — Audincourt. — Montbéliard. — Pontarlier.

6ᵉ série. — Besançon.

DRÔME.

1ʳᵉ série. — Bourdeaux. — La Chapelle-en-Vercors. — Châtillon. — Luc-
en-Diois. — La Motte-Chalançon. — Saillans. — Grignan. — Taulignan. —
Marsanne. — Châteauneuf-du-Rhône. — Pierrelatte. — Saint-Paul-Trois-Châ-
teaux. — Buis-les-Baronnies. — Nyons. — Rémuzat. — Séderon. — Chabeuil.
— Le Grand-Serre. — Loriol. — Livron. — Saint-Donat. — Saint-Jean-en-
Royans. — Anneyron. — Saint-Rambert-d'Albon. — Saint-Uze. — Tain. —
Bourg-lès-Valence.

2ᵉ série. — Crest. — Die. — Dieulefit. — Bourg-de-Péage. — Saint-Vallier.

3ᵉ série. — Montélimar. — Romans.

5ᵉ série. — Valence.

EURE.

1ʳᵉ série. — Écos. — Étrépagny. — Fleury-sur-Andelle. — Charleval. —
Romilly-sur-Andelle. — Lyons-la-Forêt. — Beaumesnil. — Beaumont-le-
Roger. — Brionne. — Broglie. — Thiberville. — Breteuil. — Conches. —
Damville. — Nonancourt. — Pacy-sur-Eure. — Rugles. — Saint-André. —
Ezy. — Ivry-la-Bataille. — Amfreville-la-Campagne. — Gaillon. — Le Neu-
bourg. — Pont-de l'Arche. — Beuzeville. — Bourgtheroulde. — Cormeilles.
— Montfort-sur-Risle. — Quillebeuf. — Routot. — Saint-Georges-du-Vièvre.

2ᵉ série. — Les Andelys. — Gisors. — Bernay. — Verneuil. — Vernon. —
Pont-Audemer.

3ᵉ série. — Évreux. — Louviers.

EURE-ET-LOIR.

1ʳᵉ série. — Auneau. — Aunay-sous-Auneau. — Courville. — Illiers. —
Janville. — Toury. — Maintenon. — Epernon. — Gallardon. — Voves. —
Bonneval. — Brou. — Cloyes. — Orgères. — Anet. — Brezolles. — Saint-

Remy-sur Avre. — Châteauneuf. — La Ferté-Vidame. — Nogent-le-Roi. — Senonches. — Authon. — La Loupe. — Thiron.

2ᵉ série. — Châteaudun. — Dreux. — Nogent-le-Rotrou.

5ᵉ série. — Chartres.

FINISTÈRE.

1ʳᵉ série. — Lambezellec. — Daoulas. — Plougastel Daoulas. — Lannilis. — Lesneven. — Ouessant. — Plabennec. — Ploudalmézeau. — Ploudiry. — Saint-Renan. — Carhaix. — Châteaulin. — Châteauneuf. — Crozon. — Camaret. — Le Faou. — Huelgoat. — Pleyben. — Landivisiau. — Lanmeur. — Plouescat. — Plouigneau. — Plouzévédé. — Roscoff. — Saint-Thégonnec. — Sizun. — Taulé. — Briec. — Tréboul. — Fouesnant. — Plogastel-Saint-Germain. — Pont-Croix — Audierne. — Guilvinec. — Rosporden. — Arzano. — Bannalec. — Pont-Aven. — Scaer.

2ᵉ série. — Landerneau. — Saint-Pol-de-Léon. — Concarneau. — Pont-l'Abbé. — Quimperlé.

3ᵉ série. — Douarnenez.

4ᵉ série. — Morlaix. — Quimper.

6ᵉ série. — Brest.

GARD.

1ʳᵉ série. — Salindres. — Barjac. — Castillon-de-Gagnières. — Genolhac. — La Vernarède. — Lédignan. — Saint-Ambroix. — Molières-sur-Cèze. — Saint-Jean-du-Gard. — Vézenobres. — Saint-Laurent-d'Aigouze. — Aramon. — Montfrin. — Vallabrègues. — Bellegarde. — Jonquières-et-Saint-Vincent. — Marguerittes. — Manduel. — Milhaud. — Bouillargues. — Générac. — Saint-Mamert-du Gard. — Aiguesvives. — Aubais. — Calvisson. — Aimargues. — Beauvoisin. — Le Cailar. — Grand-Gallargues. — Uchaud. — Vergèze. — Lussan. — Remoulins. — Roquemaure. — Laudun. — Tavel. — Saint-Chaptes. — Saint-Quentin-la-Poterie. — Villeneuve-lès-Avignon. — Alzon. — Lasalle. — Quissac. — Saint-André-de-Valborgne. — Sauve. — Sumène. — Trèves. — Valleraugue.

2ᵉ série. — Anduze. — Grand'Combe (La). — Aiguesmortes. — Beaucaire. — Saint-Gilles. — Sommières. — Vauvert. — Bagnols. — Pont-Saint-Esprit. — Uzès. — Saint-Hippolyte-du-Fort. — Le Vigan.

3ᵉ série. — Bessèges.

4ᵉ série. — Alais.

7ᵉ série. — Nîmes.

GARONNE (HAUTE-).

1ʳᵉ serie. — Auterive. — Carbonne. — Cazères. — Martres. — Cintegabelle. — Fousseret. — Montesquieu-Volvestre. — Muret. — Seysses. — Rieumes. — Rieux. — Saint-Lys. — Aspet. — Aurignac. — Barbazan. — Gourdan. — Boulogne. — L'Isle-en-Dodon. — Montréjeau. — Saint-Béat. — Labarthe-Rivière. — Miramont. — Saint-Martory. — Salies. — Cadours. — Castanet. — Fronton. — Grenade. — Léguevin. — Montastruc. — Blagnac. — Colomiers. — Verfeil. — Villemur. — Caraman. — Lanta. — Montgiscard — Nailloux. — Villefranche.

2ᵉ série. — Bagnères-de-Luchon. — Saint-Gaudens. — Revel.

8ᵉ série. — Toulouse.

GERS.

1re série. — Gimont. — Jegun. — Biran. — Saramon. — Cazaubon. — Eauze. — Montréal. — Nogaro. — Valence. — Lectoure. — Mauvezin. — Miradoux. — Saint-Clar. — Cologne. — L'Isle-Jourdain — Lombez.— Samatan. — Aignan. — Marciac. — Masseube. — Miélan. — Mirande. — Montesquiou. — Plaisance. — Riscle.

2e série. — Vic-Fezensac. — Condom. — Fleurance.

3e série. — Auch.

GIRONDE.

1re série. — Auros. — Bazas. — Captieux. — Grignols. — Saint-Symphorien. — Villandraut. — Préchac. — Bourg. — Saint-Ciers-la-Lande. — Saint-Savin. — Audenge. — Arès. — Biganos. — Belin. — Béliet. — Blanquefort. — Eysines. — Cadillac. — Langoiran. — Carbon-Blanc. — Ambarès-et-la-Grave. — Cenon. — Floirac. — Lormont. — Saint-Loubès. — Castelnau. — Cussac. — Margaux. — Soussans. — Créon. — Labrède. — Léognan. — Pessac. — Gradignan. — Podensac. — Barsac. — Portets. — Preignac. — Saint-André-de-Cubzac. — Le Teich. — Lesparre. — Gaillan. — Saint-Christoly-et-Conquèques. — Pauillac. — Saint-Julien. — Saint-Laurent. — Saint-Vivien. — Branne. — Castillon-et-Capitourlan.— Sainte-Terre. — Les Peintures. — Saint-Christophe-de-Double. — Fronsac. — Guitres. — Lagorce. — Saint-Denis-de-Pile. — Izon. — Vayres. — Lussac. — Pujols. — Monségur. — Pellegrue. — Saint-Macaire. — Sauveterre. — Targon.

2e série. — Langon. — Blaye. — Saint-Médard-en-Jalles. — Le Bouscat. — Caudéran. — Talence. — Bègles. — La Teste. — Arcachon. — Coutras. — Sainte-Foy-la-Grande. — La Réole.

4e série. — Libourne.

8e série. — Bordeaux.

HÉRAULT.

1re série. — Bessan. — Vias. — Graissessac. — Villeneuve-les-Béziers. — Lespignan. — Maraussan. — Nissan. — Puisserguier. — Quarante. — Pomérols. - Montagnac. — Murviel. — Thezan. — Caux. — Saint-Thibéry. — Roujan. — Magalas. — Saint-Gervais. — Hérépian. — Le Poujol. — Servian. — Alignan-du-Vent. — Montblanc. — Le Caylar. — Aspiran. — Paulhan. — Gignac. — Montpeyroux. — Saint-André-de-Sangonis. — Saint-Jean-de-Fos. — Saint-Pargoire. — Lunas. — Le Bousquet d'Orb. — Aniane. — Castries. — Claret. — Villeneuve-les-Maguelonne. — Saint-Bauzille-de-Putois. — Marsillargues. — Les Matelles. — Mauguio. — Lansargues. — Bouzigues. — Gigean. — Loupian. — Poussan. — Villeveyrac. — Cournonterral. — Fabrègues. - Pignan. — Saint-Martin-de-Londres. — Olargues. — Olonzac. — Saint Chinian. — Cessenon. — Crusy. — Saint-Pons. — La Salvetat.

2e série. — Adge. — Marseillan. — Bédarieux. — Cazouls-les-Béziers. — Sérignan. — Capestang. — Florensac. — Pézenas. — Clermont l'Hérault. — Lodève. — Frontignan. — Ganges. — Lunel. — Mèze.

6e série. - Béziers. — Cette. — Montpellier.

ILLE-ET-VILAINE.

1re série. — Antrain. — Louvigné-du-Désert. — Saint-Aubin-du Cormier. — Saint-Brice-en-Cogles. — Bécherel. — Montauban. — Montfort. — Pléian.

— Saint-Méen. — Gael. — Bain. — Fougeray. — Guichen. — Maure. — Pipriac. — Le Sel — Châteaugiron. — Nouvoitou. — Hédé. — Janzé.— Liffré. — Mordelles. — Betton. — Saint-Aubin-d'Aubigné. — Hirel. — Châteauneuf. — Plerguer. — Combourg. — Minihic-sur-Rance. — Baguer-Morvan. — Baguer-Pican. — Pleines-Fougères. — Tinténiac. — Argentré-du-Plessis. — Châteaubourg. — La Guerché. — Retiers. — Martigné-Ferchaud.

2ᵉ série. — Redon. — Cancale. — Dinard-Saint-Énogat. — Dol. — Saint-Malo. — Paramé. — Vitré.

3ᵉ série. — Saint-Servan.

4ᵉ série — Fougères.

6ᵉ série. — Rennes.

INDRE.

1ʳᵉ série. — Belâbre. — Mézières-en-Brenne. — Saint-Benoit-du-Sault. — La Châtre-Langlin. — Saint-Gaultier. — Tournon. — Ardentes. — Saint-Marcel. — Villedieu — Déols. — Châtillon. — Clion. — Écueillé. — Valençay. — Aigurande. — Éguzon. — Neuvy-Saint-Sépulchre. — Cluis. — Sainte-Sévère. — Reuilly. — Saint-Christophe-en-Bazelle. — Chabris. — Vatan

2ᵉ série. — Le Blanc. — Argenton. — Buzançais. — Levroux. —La Châtre.

3ᵉ série. — Issoudun.

5ᵉ série. — Châteauroux.

INDRE-ET-LOIRE.

1ʳᵉ série. — Azay-le-Rideau. — Bourgueil. — Chouzé-sur-Loire. — Restigné. — L'Ile-Bouchard. — Langeais. — Richelieu. — Sainte-Maure. — Le Grand-Pressigny. — La Haye-Descartes. — Ligueil. — Beaulieu. — Montrésor. — Preuilly. — Bléré. — Château-la-Vallière. — Montbazon. — Neuillé-Pont-Pierre. — Neuvy-le-Roy. — Saint-Cyr-sur-Loire. — Saint-Symphorien. — La Riche. — Saint-Pierre-des-Corps. — Vouvray. — Vernou.

2ᵉ série. — Chinon. — Loches. — Amboise. — Châteaurenault.

6ᵉ série. — Tours.

ISÈRE.

1ʳᵉ série. — Allevard. — Bourg-d'Oisans. — Allemont. — Clelles. — Corps. — Domène. — Villard-Bonnot. — Goncelin. — Pontcharra. — Bernin. — La Tronche. — Saint-Égrève. — Saint-Martin-d'Hères. — Mens. — Monestier-de-Clermont. — Saint-Laurent-du-Pont. — Sassenage. — Touvet. — Valbonnais. — Vif. — Villard-de-Lans. — Voreppe. — Pont-en-Royans. — Rives. — Moirans. — Renage. — Roybon. — Saint-Étienne-de-Saint-Geoirs. — Saint-Marcellin. — Vinay. — Saint-Savin. — Crémieu. — Trept. — Le Grand-Lemps. — Apprieu. — Bizonnes. — Morestel. — Montalieu-Vercieu. — Pont-de-Beauvoisin. — Les Abrets. — Saint-Geoire. — Faverges. — Virieu. — Beaurepaire. — Heyrieux. — Meyzieux. — Pont-de-Chéruy. — Pusignan. — Roussillon. — Le Péage. — Saint-Jean-de-Bournay. — Saint-Symphorien-d'Ozon. — Feyzin. — Saint-Priest. — La Verpillière. — Colombier-Saugnieu. — Satolas-et-Bonce. — Pont-Évêque.

2ᵉ série. — La Mure. — Vizille. — Voiron. — Tullins. — Bourgoin. — Jallieu. — La Tour-du-Pin. — La Côte-Saint-André.

5ᵉ série. — Vienne.

6ᵉ série. — Grenoble.

JURA.

1re série. — Chaumergy. — Chaussin. — Chemin. — Saint-Aubin. — Tavaux. — Dampierre. — Fraisans. — Champvans. — Montbarrey. — Montmirey-le-Château. — Rochefort. — Arinthod. — Beaufort. — Cousans. — Bletterans. — Arlay. — Clairvaux. — Conliège. — Montmorot. — Orgelet. — Saint-Amour. — Saint-Julien. — Sellières. — Voiteur. — Nozeroy. — Les Planches-en-Montagne. — Villers-Farlay. — Les Bouchoux. — Moirans. — Saint-Laurent.

2e serie. — Arbois. — Champagnolle. — Poligny. — Salins. — Morez. — Saint-Claude.

3e série. — Dôle — Lons-le-Saunier.

LANDES.

1re série — Castets. — Saint-Paul-les-Dax. — Montfort. — Peyrehorade. — Pouillon. — Saint-Martin-de-Seigneaux. — Tarnos. — Saint-Vincent-de-Tyrosse. — Capbreton. — Soustons. — Morcenx. — Gabarret. — Grenade. — Labrit. — Mimizan. — Parentis-en-Born. — Pissos. — Roquefort. — Sabres. — Sores. — Villeneuve-de-Marsan. — Aire. — Amou. — Geaune. — Hagetmau. — Mugron. — Saint-Sever — Tartas.

2e série. — Dax. — Mont-de-Marsan.

LOIR-ET-CHER.

1re série. — Bracieux. — Contres. — Cour-Cheverny. — Herbault. — Onzain. — Marchenoir. — Oucques. — Montrichard. — Bourré. — Pontlevoy. — Ouzouer-le-Marché. — Saint-Aignan. — Thésée. — Lamotte-Beuvron. — Menneton-sur-Cher. — Villefranche. — Neung-sur-Beuvron. — Salbris. — Droué. — Mondoubleau. — Montoire. — Morée. — Saint-Amand. — Savigny. — Selommes.

2e série. — Mer. — Romorantin. — Selles-sur-Cher. — Vendôme.

4e série. — Blois.

LOIRE.

1re série. — Boën. — Feurs. — Panissières. — Noirétable. — Saint-Bonnet-le-Château. — Saint-Maurice-en-Gourgois. — Saint-Galmier. — Veauche. — Saint-Georges-en-Couzan. — Saint-Bonnet-le-Courreau. — Saint-Jean-Soleymieux. — Luriecq. — Saint-Rambert. — Andrézieux. — Saint-Just-sur-Loire. — Saint-Marcellin. — Sury-le-Comtal. — Belmont. — Néronde. — La Pacaudière. — Perreux. — Le Coteau. — Saint-Germain-Laval. — Saint-Haon-le-Châtel. — Saint-Just-en-Chevalet. — Saint-Symphorien-de-Lay. — Neulise. — Regny. — Bourg-Argental. — Saint-Julien-Molin-Molette. — Roche-la-Molière. — Saint-Genest-Lerp. — Pélussin. — Saint-Pierre-de-Bœuf. — Lorette. — Saint-Genis-Terre-Noire. — Saint-Martin-la-Plaine. — Saint-Paul-en-Jarret. — Isieux. — Saint-Martin-en-Coailleux. — La Talaudière. — Terre-Noire. — Saint-Genest Malifaux. — Saint-Héand. — La Fouillouse. — Sorbiers. — Villars.

2e série. — Montbrison. — Chazelles-sur-Lyon. — Charlieu. — Le Chambon-Feugerolles. — La Ricamarie. — Unieux. — La Grand-Croix. — Saint-Julien-en-Jarret. — Saint-Jean-Bonnefonds.

4e série. — Firminy. — Rive-de-Gier. — Saint-Chamond.

5e série. — Roanne.

8e série. — Saint-Étienne.

LOIRE (HAUTE-).

1re série. — Auzon. — Lempdes. — Sainte-Florine. — Blesle. — La Chaise-Dieu. — Lavoute-Chilhac. — Paulhaguet. — Pinols. — Allègre. — Cayres. — Craponne. — Fay-le-Froid. — Loudes. — Le Monastier. — Pradelles. — Espaly-Saint-Marcel. — Brives-Charensac. — Saint-Julien-Chapteuil. — Saint-Paulien. — Saugues. — Solignac-sur-Loire. — Vorey. — Bas. — Monistrol-sur-Loire. — Sainte-Sigolène. — Montfaucon. — Riotord. — Saint-Didier-la-Séauve. — Saint-Juste-Malmont. — Tence. — Crazac. — Retournac.

2e série. — Brioude. — Langeac. — Yssingeaux.

4e série. — Le Puy.

LOIRE-INFÉRIEURE.

1re série. — Ligué. — Riaillé. — Saint-Mars-la-Jaille. — Varades. — Derval. — Moisdon. — Nort. — Nozay. — Rougé. — Saint-Julien-de-Vouvantes. — Aigrefeuille. — Bonaye. — Carquefou. — La Chapelle-sur-Erdre. — Clisson. — Legé. — Le Loroux-Bottereau. — Machecoul. — Indre. — Saint-Philbert-de-Grandlieu. — Vallet. — Vertou. — Bourgneuf. — Paimbœuf. — Le Pellerin. — La Montagne. — Pornic. — Saint-Père-en-Retz. — Blain. — Le Croisic. — Batz. — Le Pouliguen. — Guéméné-Penfao. — Guérande. — La Turballe. — Herbignac. — Pontchâteau. — Saint-Joachim. — Saint-Étienne-de-Montluc. — Couéron. — Saint-Gildas-des-Bois. — Saint-Nicolas-de-Redon. — Savenay.

2e série. — Ancenis. — Châteaubriant. — Doulon.

3e série. — Chantenay.

5e série. — Saint-Nazaire.

8e série. — Nantes.

LOIRET.

1re série. — Bonny-sur-Loire. — Ouzouer-sur-Trézée. — Châtillon-sur-Loire. — Ouzouer-sur-Loire. — Sully-sur-Loire. — Bellegarde. — Château-renard. — Châtillon-sur-Loing. — Nogent-sur-Vernisson. — Courtenay. — Ferrières. — Lorris. — Artenay. — Baule. — Tavers. — Châteauneuf-sur-Loire. — Cléry. — La Ferté-Saint-Aubin. — Jargeau. — Meung-sur-Loire. — Neuville-aux-Bois. — Olivet. — Patay. — Baune-la-Rolande. — Boiscommun. — Malesherbes. — Outarville. — Aschères. — Puiseaux.

2e série. — Briare. — Gien. — Beaugency. — Pithiviers.

5e série. — Montargis.

6e série. — Orléans.

LOT.

1re série. — Castelnau. — Catus. — Cazals. — Lalbenque. — Lauzès. — Limogue. — Luzech. — Montcuq. — Puy-l'Évêque. — Saint-Géry. — Bretenoux. — Cajarc. — Lacapelle-Marival. — Latronquière. — Livernon. — Gourdon. — Gramat. — La Bastide-Murat. — Martel. — Payrac. — Saint-Germain. — Salviac. — Souillac. — Vayrac.

2e série. — Figeac. — Saint-Céré.

4e série. — Cahors.

LOT-ET-GARONNE.

1re série. — Le Passage. — Astaffort. — Layrac. — Beauville. — Laplume. — Laroque-Timbaut. — Port-Sainte-Marie. — Aiguillon. — Prayssas. —

Puymirol. — Bouglon. — Castelmoron. — Duras. — Lauzun. — Miramont. — Sainte-Bazeille. — Le Mas-d'Agenais. — Meilhan. — Seyches. — Clairac. — Casteljaloux. — Damazan. — Puch. — Francescas. — Houeillbès. — Lavardac. — Mézin. — Cancon. — Castillonnès. — Fumel. — Monclar. — Monflanquin. — Penne. — Sainte-Livrade. — Tournon-d'Agenais. — Villeréal.

2ᵉ série. — Marmande. — Tonneins. — Nérac. — Villeneuve-sur-Lot.

4ᵉ série. — Agen.

LOZÈRE.

1ʳᵉ série. — Barre. — Florac. — Le Massegros. — Meyrueis. — Le Pont-de-Montvert. — Sainte-Énimie. — Saint-Germain-de-Calberte. — Aumont. — La Canourgue. — Chanac. — Fournels. — Le Malzieu-Ville. — Nasbinais. — Saint-Chély-d'Apcher. — Saint-Germain-du-Teil. — Serverette. — Le Bleymard. — Châteauneuf-de-Randon. — Grandrieu. — Langogne. — Saint-Amans. — Villefort.

4ᵉ série. — Marvéjols. — Mende.

MAINE-ET-LOIRE.

1ʳᵉ série. — Chalonne-sur-Loire. — Le Louroux-Béconnais. — Bécon. — Les Ponts-de-Cé. — Saint-Georges-sur-Loire. — Thouracé. — Tiercé. — Beaufort. — Durtal. — Longué. — Noyant. — Seiches. — Baupréau. — Gesté. — Jallais. — Le May-sur-Èvre. — Champtoceaux. — Maulévrier. — Trémentines. — Montfaucon. — Saint-Macaire. — Montrevault. — Saint-Florent-le-Vieil. — Montjean. — Douces. — Gennes. — Montreuil-Bellay. — Bagneux. — Vihiers. — Candé. — Châteauneuf-sur-Sarthe. — Le Lion-d'Angers. — Pouancé. — Segré.

2ᵉ série. — Beaugé. — Chemillé. — Doué.

4ᵉ série. — Cholet. — Saumur.

7ᵉ série. — Angers.

MANCHE.

1ʳᵉ série. — Brécey. — Ducey. — La Haye-Pesnel. — Pontorson. — Saint-James. — Sartilly. — Beaumont. — Octeville. — Les Dieux. — Saint-Pierre-Église. — Bréhal. — Cerisy-la-Salle. — Gavray. — La Haye-du-Puits. — Lessay. — Montmartin-sur-Mer. — Regnéville. — Périers. — Saint-Malo-de-la-Lande. — Saint-Sauveur-Lendelin. — Barenton. — Isigny. — Juvigny. — Mortain. — Saint-Pois. — Sourdeval. — Le Teilleul. — Canisy. — Carentan. — Marigny. — Percy. — Saint-Clair. — Saint-Jean-de-Daye. — Tessy-sur-Vire. — Torigny-sur-Vire. — Barneville. — Briquebec. — Montebourg. — Quettehou. — Montfarville. — Saint-Vaast. — Teurthéville-Bocage. — Sainte-Mère-Église. — Saint-Sauveur-le-Vicomte.

2ᵉ série. — Avranches. — Villedieu. — Équeurdreville. — Coutances. — Saint-Hilaire-du-Harcouët. — Saint-Lô. — Valognes.

3ᵉ série. — Granville.

5ᵉ série. — Cherbourg.

MARNE.

1ʳᵉ série. — Écury-sur-Coole. — Marson. — Courtisols. — Suippes. — Mourmelon-le-Grand. — Vertus. — Anglure. — Avize. — Le Mesnil-sur-Oger. — Dormans. — Verneuil. — Ablois. — Damery. — Pierry. — Esternay. — Fère-Champenoise. — Montmirail. — Montmort. — Barbonne-Fayel. — Avenay. — Cumières. — Hautvillers. — Mareuil-sur-Ay. — Beine. — Bétheniville. Pont-Faverger. — Bourgogne. — Bazancourt. — Boult-sur-Suippe. — Cormicy. — Warmeriville. — Witry-lès-Reims. — Châtillon-sur-Marne. — Fismes. — Hermonville. — Verzy. — Rilly-la-Montagne. — Versenay. — Ville-en-Tardenois. — Dommartin-sur-Yèvre. — La Neuville-au-Pont. — Ville-sur-Tourbe. — Vienne-le-Château. — Heiltz-le-Maurupt. — Saint-Remy-en-Bouzemont. — Sompuis. — Thiéblemont-Farémont. — Cheminon. — Sermaize.

2e série. — Sézanne. — Ay. — Sainte-Menéhould. — Vitry-le-François.

4e série. — Épernay.

5e série. — Châlons-sur-Marne.

7e série. — Reims.

MARNE (HAUTE-).

1re série. — Andelot. — Arc-en-Barrois. — Bourmont. — Châteauvillain. — Clefmont. — Juzennecourt. — Nogent-le-Roi. — Biesles. — Saint-Blin. — Vignory. — Auberive. — Melay. — Serqueux. — Fays-Billot. — Bussières-les-Belmont. — La Ferté-sur-Amance. — Voisey. — Longeau. — Montigny-le-Roi. — Neuilly-l'Évêque. — Rolampont. — Prauthoy. — Varennes-sur-Amance. — Chevillon. — Eurville. — Doulaincourt. — Doulevant-le-Château. — Thonnance-lès-Joinville. — Montier-en-Der. — Sommevoire. — Poisson. — Wassy.

2e série. — Bourbonne-les-Bains. — Langres. — Joinville.

3e série. — Chaumont. — Saint-Dizier.

MAYENNE.

1re série. — Blerné. — Saint-Denis-d'Anjou. — Cossé-le-Vivien. — Grez-en-Bouère. — Saint-Aignan-sur-Roë. — Renazé. — Argentré. — Chaillaud. — Loiron. — Meslay. — Montsurs. — Sainte-Suzanne. — Ambrières. — Bais. — Couptrain. — Saint-Denis-de-Gastines. — Gorron. — Le Horps. — Landivy. — Lassay. — Oisseau. — Pré-en-Pail. — Villaines-la-Juhel.

2e série. — Château-Gontier. — Craon. — Évron. — Ernée. — Mayenne.

5e série. — Laval.

MEURTHE-ET-MOSELLE.

1re série. — Audun-le-Roman. — Briey. — Chambley. — Conflans. — Longuyon. — Pierrepont. — Saulnes. — Villers-la-Montagne. — Arracourt. — Badonviller. — Bayon. — Blainville. — Blamont. — Cirey. — Val-et-Châtillon. — Gerbéviller. — Moyen. — Einville. — Croismare. — Haroué. — Tantonville. — Champigneulles. — Lay-Saint-Christophe. — Malzéville. — Frouard. — Laxou. — Maxéville. — Pompey. — Jarville. — Pont-Saint-Vincent. — Saint-Max. — Nomeny. — Dieulouard. — Pagny-sur-Moselle. — Laneuveville-devant-Nancy. — Rozières-aux-Salines. — Varangéville. — Vézelise. — Colombey. — Domèvre-en-Haie. — Liverdun. — Thiaucourt. — Foug. — Gondreville. — Blénod-lès-Toul.

2e série. — Longwy. — Baccarat. — Saint-Nicolas. — Dombasles. — Toul.

3e série. — Pont-à-Mousson.

4e série. — Lunéville.

7e série. — Nancy.

6.

MEUSE.

1re série. — Ancerville. — Cousances-aux-Forges. — Fains. — Robert-Espagne. — Montiers-sur-Saulx. — Revigny. — Triaucourt. — Vaubecourt. — Vavincourt. — Gondrecourt. — Pierrefitte. — Vaucouleurs. — Vigneulle-lès-Hattonchâtel. — Void. — Damvillers. — Dun-sur-Meuse. — Montfaucon. — Montmédy. — Spincourt. — Stenay. — Mouzay. — Charny. — Ornes. — Clermont-en-Argonne. — Les Islettes. — Étain. — Fresnes-en-Woëvre. — Souilly. — Varennes-en-Argonne. — Malancourt. — Sommedieue.

2e série. — Ligny-en-Barrois. — Commercy. — Saint-Mihiel.

4e série. — Bar-le-Duc. — Verdun-sur-Meuse.

MORBIHAN.

1re série. — Le Palais (Belle-Ile.) — Belz. — Plœmeur. — Plouay. — Pluvigner. — Pont-Scorff. — Port-Louis. — Gâvres. — Quiberon. — Guer. — Josselin. — Malestroit. — Mauron. — Ploërmel. — Rohan. — Saint-Jean-Brévelay. — La Trinité-Porhoët. — Baud. — Cléguérec. — Le Faouët. — Gourin. — Guémené. — Locminé. — Allaire. — Elven. — La Gacilly. — Grandchamp. — Muzillac. — Questembert. — La Roche-Bernard. — Rochefort. — Sarzeau.

2e série. — Auray. — Hennebont. — Pontivy.

4e série. — Vannes.

5e série. — Lorient.

NIÈVRE.

1re série. — Château-Chinon. — Châtillon-en-Bazois. — Luzy. — Montsauche. — Moulins-Engilbert. — Brinon. — Dornecy. — Corbigny. — Lormes. — Tannay. — Varzy. — Entrains. — Neuvy-sur-Loire. — Donzy. — Château-Neuf. — Pouilly. — Prémery. — Saint-Amand. — Saint-Léger-des-Vignes. — Dornes. — Fours. — Cercy-la-Tour. — Imphy. — Pougues-les-Eaux. — Guérigny. — Saint-Benin-d'Azy. — Saint-Pierre-le-Moutier. — Saint-Saulge.

2e série. — Clamecy. — La Charité. — Cosne. — Decise. — La Machine. — Fourchambault.

5e série — Nevers.

NORD.

1re série. — Felleries. — Avesnelles. — Étrœungt. — Bavay. — Berlaimont. — Aulnoye. — Pont-sur-Sambre. — Forest. — Preux-au-Bois. — Colleret. — Jeumont. — Louvroil. — Villers-Sire-Nicole. — Le Quesnoy. — Beaudignies. — Englefontaine. — Poix. — Villerspol. — Solre-le-Château. — Cousolre. — Sars-Poteries. — Anor. — Glageon. — Ohain. — Escaudœuvres. — Fontaine-Notre-Dame. — Neuville-Saint-Rémy. — Paillencourt. — Carnières. — Béthencourt. — Bévillers. — Boussières. — Cattenières. — Fontaine-au-Pire. — Rieux. — Saint-Aubert. — Saint-Hilaire. — Villers-en-Cauchies. — Catillon. — Honnechy. — Inchy. — Neuvilly. — Pommereuil. — Saint-Souplet. — Troisvilles. — Clary. — Bertry. — Busigny. — Élincourt. — Esnes. — Ligny. — Malincourt. — Maretz. — Montigny. — Villers-Outréau. — Wallincourt. — Marcoing. — Crévecœur. — Gouzeaucourt. — Honnecourt. — Lesdain. — Masnières. — Rumilly. — Villers-Guislain. — Bermerain. — Haussy. — Saint-Python. — Saint-Vast. — Saulzoir. — Vendegies-sur-Écaillon. — Vertain. — Viesly. — Arleux. — Aubigny-au-

Bac. — Féchain. — Lécluse. — Lalling. — Sin. — Waziers. — Auby. —
Cuincy. — Flers. — Lambres. — Raches. — Raimbeaucourt. — Roost-Wa-
rendin — Auberchicourt. — Dechy. — Lewarde. — Marchiennes-Ville. —
Bruille-lès-Marchiennes. — Erre. — Fenain. — Hornaing. — Pecquencourt.
— Vred. — Faumont. — Saméon. — Armbouts-Cappel. — Bourbourg-ville.
— Bourbourg-campagne. — Watten. — Coudekerque-Branche. — Fort-
Mardyck. — Petite-Synthe. — Gravelines. — Grand-Fort-Philippe. — Loon.
— Hondschoote. — Bray-Dunes. — Wormhoudt. — Nieppe. — Vieux-Ber-
quin. — Cassel. — La Gorgue-Steenwoorde. — Erquinghem-Lys. — Freling-
ghien. — Sainghin-en-Weppes. — Cysoing. — Bourghelles. — Camphin-
en-Pévèle. — Sainghin-en-Mélantois. — Emmerin. — Lomme. — Santes.
— Wadrin. — Lannoy. — Annapes. — Asq. — Baisieux. — Chéreng. —
Flers. — Leers. — Willems. — Mons-en-Barœul. — Lambersart. — Saint-
André. — Wambrechies. — Lezennes. — Ronchain. — Pont-à-Marcq. —
Fretin. — Phalempin. — Quesnoy-sur-Deule. — Pérenchies. — Werwicq-
sud. — Wasquehal. — Bauvin. — Gondecourt. — Provin. — Templemars.
— Wattignies. — Linselles. — Roncq. — Mouveaux. — Bouchain. — Aves-
nes-le-Sec. — Hordain. — Marquette. — Neuville-sur-l'Escaut. — Rœulx.
— Abscon. — Douchy. — Escaudin. — Haveluy. — Hélesmes. — Crespin.
— Escaupont. — Hergnies. — Hasnon. — Mortagne. — Rosult. — Rume-
gies. — Curgies. — Marly. — Préseau. — Quarouble. — Saultain. — Se-
bourg. — Aubry. — Beuvrages. — Saint-Saulves. — Aulnoy. — Hérin. —
Maing. — La Sentinelle. — Thiant. — Trith-Saint-Léger. — Verchain-Mau-
gré.

2ᵉ série. — Avesnes. — Sains. — Landrecies. — Boussies. — Ferrière-
la-Grande. — Haumont. — Gommegnies. — Trélon. — Wignehies. —
Iwuy. — Avesnes-les-Aubert. — Beauvois. — Quiévy. — Caudry. — Soles-
mes. — Flines-les-Raches. — Aniches. — Somain. — Orchies. — Bergues.
— Rosendaël. — Saint-Paul. — Bailleul. — Hazebrouck. — Merville. —
Estaires. — Houplines. — La Bassée. — Haubourdin. — Loos. — Lys-
lès-Lannoy. — La Madeleine. — Hellemmes-Lille. — Marquette. — Co-
mines. — Wattrelos. — Croix. — Seclin. — Annœulin. — Marcq-en-Barœul.
— Haspres. — Lourches. — Condé. — Fresnes. — Vieux-Condé. — Saint-
Amand. — Raismes. — Onnain. — Bruay. — Wallers.

3ᵉ série. — Fourmies. — Le Cateau. — Halluin. — Anzin. — Maubeuge.

4ᵉ série. — Cambrai. — Denain.

5ᵉ série. — Douai. — Armentières. — Valenciennes.

6ᵉ série. — Dunkerque. — Tourcoing.

7ᵉ série. — Roubaix.

8ᵉ série. — Lille.

OISE.

1ʳᵉ série. — Auneuil. — Marissel. — Notre-Dame-du-Thil. — Saint-Just-
des-Marais. — Chaumont. — Le Coudray-Saint-Germer. — Sérifontaine. —
Formerie. — Grandvilliers. — Feuquières. — Marseille. — Andeville. —
Nivillers. — Bresles. — Noailles. — Sainte-Geneviève. — Songeons. — Bre-
teuil. — Crèvecœur. — Froissy. — Maignelay. — Bury. — Saint-Just-en-
Chaussée. — Attichy. — Pierrefonds. — Tracy-le-Mont. — Lacroix-Saint-
Ouen. — Estrées-Saint-Denis. — Guiscard. — Lassigny. — Ressons-sur-
Matz. — Ribécourt. — Chiry-Ourscamps. — Betz. — Coye. — Gouvieux. —
Nogent-les-Vierges. — Saint-Leu-d'Esserent. — Saint-Maximim. — Béthisy-
Saint-Pierre. — Nanteuil-le-Haudouin. — Neuilly-en-Thelle. — Balagny-

sous-Thérain. — Chambly. — Cirès-lès-Mello. — Pont-Sainte-Maxence. — Verberie.

2ᵉ série. — Méru. — Clermont. — Liancourt. — Mouy. — Noyon. — Creil. — Chantilly. — Montataire. — Crépy-en-Valois. — Senlis.

3ᵉ série. — Compiègne.

4ᵉ série. — Beauvais.

ORNE.

1ʳᵉ série. — Carrouges. — Courtomer. — Le Mesle-sur-Sarthe. — Sées. — Briouze. — Écouché. — Exmes. — La Ferté-Fresnel. — Gacé. — Le Merlerault. — Mortrée. — Putanges. — Trun. — Vimoutiers. — Athis. — Domfront. — Juvigny-sous-Andaine. — La Chapelle-Moche. — Messei. — Passais. — Tinchebrai. — Bazoches-sur-Hoêne. — Bellême. — Longny. — Moulins-la-Marche. — Nocé. — Pervenchères. — Remalard. — Le Theil. — Ceton. — Tourouvre.

2ᵉ série. — Argentan. — La Ferté-Macé. — Laigle. — Mortagne.

3ᵉ série. — Flers.

4ᵉ série. — Alençon.

PAS-DE-CALAIS.

1ʳᵉ série. — Dainville. — Mareuil. — Saint-Laurent-Blagny. — Saint-Nicolas. — Achicourt. — Agny. — Beaurains. — Le Tranloy. — Beaumetz-les-Loges. — Rivière. — Bertincourt. — Beaumetz-les-Cambrai. — Havrincourt. — Hermies. — Metz-en-Couture. — Croisilles. — Bucquoy. — Vaulx-Vraucourt. — Marquion. — Bourlon. — Écourt-Saint-Quentin. — Graincourt-lès-Havrincourt. — Inchy. — Oisy-le-Verger. — Rumaucourt. — Pas. — Puisieux. — Vimy. — Avion. — Givenchy-en-Gohelle. — Neuville-Saint-Waast. — Vitry-en-Artois. — Biache-Saint-Waast. — Brebières. — Allouagne. — Chocques. — Lapugnoy. — Cambrin. — Auchy-lès-Aalassée. — Beuvry. — Billy-Berclau. — Douvrin. — Vermelles. — Violaines. — Courcelles-lès-Lens. — Dourges. — Évin-Malmaison. — Leforest. — Montigny-en-Gohelle. — Oignies. — Houdain. — Nœux. — Laventie. — Annay. — Billy-Montigny. — Fouquières-lès-Lens. — Loos. — Mazingarbe. — Meurchin. — Noyelles-sous-Lens. — Pont-à-Vendin. — Sallau. — Vendin-le-Vieil. — Wingles. — Norrent-Fontes. — Burbure. — Ferfay. — Wimille. — Baincthun. — Saint-Martin-Boulogne. — Les Attaques. — Marck. — Hardinghem. — Rinxent. — Samer. — Outreau. — Saint-Étienne. — Campagne-lès-Hesdin. — Fruges. — Créquy. — Hesdin. — Hucqueliers. — Ardres. — Audruick. — Fauquembergues. — Lumbres. — Moulle. — Tilques. — Arques. — Blendecques. — Wizernes. — Aubigny. — Auxy-le-Château. — Avesnes-le-Comte. — Heuchin. — Pernes. — Le Parcq. — Auchy-lès-Hesdin.

2ᵉ série. — Bapaume. — Carvin. — Courrières. — Hénin-Liétard. — Bruay. — Hersin-Coupigny. — Harnes. — Lillers. — Desvres. — Guines. — Marquise. — Le Portel. — Étaples. — Montreuil. — Berck. — Aire. — Frévent. — Saint-Pol.

3ᵉ série. — Béthune. — Lens. — Liévin.

4ᵉ série. — Saint-Omer.

5ᵉ série. — Arras.

6ᵉ série. — Calais. — Boulogne.

PUY-DE-DÔME.

1ʳᵉ série. — Arlanc. — Cunlhat. — Olliergues. — Saint-Amand-Roche-Savine. — Saint-Anthème. — Saint-Germain-l'Herm. — Viverols. — Bourg-

Lastic. — Aulnat. — Blanzat. — Cébazat. — Gerzat. — Chamalières. — Royat. — Romagnat. — Beaumont. — Herment. — Cournon. — Dallet. — Lempdes. — Rochefort. — La Bourboule. — Mont-Dore. — Saint-Amand-Tallende. — Saint-Dier. — Vertaizon. — Beauregard-l'Évêque. — Chauriat. — Mezel. — Veyre-Monton. — Martres-de-Veyre. — Plauzat. — Vic-le-Comte. — Mirefleurs. — Ardes. — Besse. — Champeix. — Jumeaux. — Brassac. — Latour. — Saint-Germain-Lembron. — Sauxillanges. — Tauves. — Singles. — Aigueperse. — Artonne. — Combronde. — Ennezat. — Saint-Ignat. — Manzat. — Charbonnières-les-Vieilles. — Menat. — Montaigut. — Saint-Éloy. — Pionsat. — Pontaumur. — Pontgibaud. — Randan. — Châtelguyon. — Saint-Bonnet. — Châteaugay. — Mazac. — Volvic. — Saint-Gervais. — Châteldon. — Courpière. — Lezoux. — Maringues. — Saint-Rémy.

2ᵉ série. — Ambert. — Billom. — Aubière. — Pont-du-Château. — Issoire. — Riom.

3ᵉ série. — Thiers.

6ᵉ série. — Clermont-Ferrand.

PYRÉNÉES (BASSES-).

1ʳᵉ série. — Boucau. — Bidache. — Espelette. — Cambo. — Hasparren. — Labastide-Clairence. — Urt. — Saint-Jean-de-Lutz. — Ciboure. — Hendaye. — Ustarits. — Iholdy. — Mauléon-Licharre. — Saint-Étienne-de-Baïgorry. — Saint-Jean-Pied-de-Port. — Saint-Palais. — Tardets-Sorholus. — Accous. — Bedous. — Lescun. — Aramits. — Arette. — Arudy. — Buzy. — Laruns. — Lasseube. — Monein. — Arthez. — Arzacq. — Lagor. — Navarrenx. — Sauveterre. — Garlin. — Lambeye. — Lescar. — Montaner. — Morlaas. — Bénéjacq. — Coarraze. — Bruges. — Bizanos. — Jurançon. — Pontacq. — Ger. — Thèze.

2ᵉ série. — Biarritz. — Oloron-Sainte-Marie. — Orthez. — Salies. — Nay.

5ᵉ série. — Bayonne. — Pau.

PYRÉNÉES (HAUTES-).

1ʳᵉ série. — Argelès. — Cauterets. — Aucun. — Luz. — Saint-Pé. — Arreau. — Cieutat. — Bordères. — Campan. — Castelnau-Magnoac. — Labarthe. — Lannemazan. — Mauléon-Barousse. — Saint-Laurent. — Tuzaguet. — Vieille-Aure. — Castelnau-Rivière-Basse. — Galan. — Maubourguet. — Ossun. — Juillan. — Pouyastruc. — Rabastens. — Aureilhan. — Bordères. — Ibos. — Séméac. — Tournay. — Trie.

2ᵉ série. — Lourdes. — Bagnères-de-Bigorre. — Vic-en-Bigorre.

5ᵉ série. — Tarbes.

PYRÉNÉES-ORIENTALES.

1ʳᵉ série. — Argelès-sur-Mer. — Banyuls-sur-Mer. — Cerbère. — Laroque. — Palau-del-Vidre. — Port-Vendres. — Sorède. — Arles-sur-Tech. — Amélie-les-Bains. — Le Boulou. — Maureillas. — Prats-de-Mollo. — Saint-Laurent-de-Cerdans. — Latour-de-France. — Estagel. — Millas. — Corneilla-de-la-Rivière. — Neffiac. — Pezilla-de-la-Rivière. — Le Soler. — Saint-Féliu-d'Aval. — Elne. — Toulouges. — Bompas. — Pia. — Saint-Estève. — Villelongue-de-la-Salanque. — Baixas. — Claira. — Espira-de-l'Agly. — Opoul. — Saint-Hippolyte. — Salces. — Torreilles. — Saint-Paul. — Maury. — Thuir. — Bages. — Mont-Louis. — Olette. — Saillagouse. — Sournia. — Vinça.

2ᵉ série. — Collioure. — Céret. — Rivesaltes. — Saint-Laurent-de-la-Sa-
lanque. — Prades. — Ille.
5ᵉ série. — Perpignan.

RHÔNE.

1ʳᵉ série. — Sain-Bel. — Condrieu. — Ampuis. — Grigny. — Millery. —
Limonest. — Chasselay. — Écully. — Saint-Didier-au-Mont-d'Or. — Saint-
Rambert-l'Ile-Barbe. — Mornant. — Neuville-sur-Saône. — Saint-Genis-La-
val. — Brignais. — Pierre-Bénite. — Sainte-Foy-lès-Lyon. — Soucieu-en-
Jarrest. — Saint-Laurent-de-Chamousset. — Saint-Symphorien-sur-Coise. —
Vaugneray. — Courzieu. — Francheville. — Tassin-la-Demi-Lune. — Vaulx-
en-Velin. — Vénissieux. — Anse. — Beaujeu. — Fleurie. — Quincié. —
Belleville. — Le Bois-d'Oingt. — Theizé. — Lamure. — Monsols. — Saint-
Igny-de-Vers. — Pontcharra. — Bourg-de-Thizy.

2ᵉ série. — L'Arbresle. — Caluire-et-Cuire. — La Mulatière. — Oullins.
— Amplepuis. — Thisy. — Cours.

3ᵉ série. — Givors. — Tarare. — Villefranche.

4ᵉ série. — Villeurbanne.

5ᵉ série. — Lyon.

SAÔNE (HAUTE-).

1ʳᵉ série. — Autrey-lès-Gray. — Champlitte-et-le-Prélot. — Dampierre-sur-
Salon. — Fresne-Saint-Mamès. — Arc. — Gy. — Bucey-lès-Gy. — Mamay.
— Pesmes. — Champagney. — Plancher-Bas. — Plancher-les-Mines. —
Faucogney. — Breuches. — Saint-Sauveur. — Melisey. — Aillevillers-et-
Lyaumont. — Fontaine-lès-Luxeuil. — Fougerolles. — Saulx. — Vauvillers.
— Villersexel. — Amance. — Faverney. — Combeaufontaine. — Jussey.
— Passavent-la-Rochère. — Montbozon. — Noroy-le-Bourg. — Port-sur-
Saône. — Rioz. — Scey-sur-Saône. — Vitrey.
2ᵉ série. — Gray. — Ronchamp. — Héricourt. — Lure. — Saint-Louis-
sur-Semouse. — Vesoul. — Luxeuil.

SAÔNE-ET-LOIRE.

1ʳᵉ série. — Antully. — Couches-les-Mines. — Epinac. — Issy-l'Evêque.
— Lucenay-l'Evêque. — Chissey-en-Morvan. — Mesvres. — Montceny. —
Blanzy. — Saint-Léger-sous-Beuvray. — Buxy. — Ecuisses. — Fontaines. —
Rully. — Saint-Léger-sur-Dheune. — Saint-Jean-des-Vignes. — Givry. —
Touches. — Mont-Saint-Vincent. — Saint-Germain-du-Plain. — Ouroux-sur-
Saône. — Saint-Martin-en-Bresse. — Sennecey-le-Grand. — Laives. — Verdun-
sur-le-Doubs. — Bourbon-Lancy. — Cronat. — Charolles. — Chauffailles. —
La Clayette. — Gueugnon. — La Guiche. — Marcigny. — Palinges. —
Saint-Bonnet-de-Joux. — Semur-en-Brionnais. — Toulon-sur-Arroux. —
Génelard. — Perrecy-les-Forges. — Beaurepaire. — Cuiseaux. — Cuisery.
— Montpont. — Montret. — Pierre. — Saint-Germain-du-Bois. — La Cha-
pelle-de-Guinchay. — Lugny. — Matour. — Saint-Gengoux-le-National. —
Uchizy. — Tramayes.

2ᵉ série. — Chagny. — Montceau-les-Mines. — Montchanin-les-Mines. —
Digoin. — Paray-le-Monial. — Louhans. — Cluny. — Tournus.

3ᵉ série. — Autun.

4ᵉ série. — Le Creusot. — Mâcon.

5ᵉ série. — Chalon-sur-Saône.

SARTHE.

1re série. — Brûlon. — Le Lude. — Malicorne. — Noyen. — Mayet. — Pont-vallain. — Précigné. — Beaumont-sur-Sarthe. — Fresnaye. — La Fresnaye. — Marolles-les-Braults. — Montmirail. — Saint-Paterne. — Tuffé. — Ballon. — Conlie. — Commoy. — Loué. — Parigne-l'Évêque. — Montfort. — Le Breil. — Connerré. — Sillé-le-Guillaume. — La Suze. — Bouloire. — La Chartre. — Château-du-Loir. — Le Grand-Lucé. — Saint-Calais. — Bessé. — Vibraye.

2e série. — La Flèche. — Sablé. — Bonnétable. — Laferté-Bernard. — Mamers.

6e série. — Le Mans.

SAVOIE.

1re série. — Beaufort. — Grésy-sur-Isère. — Ugines. — Albens. — Les Déserts. — Saint-Alban. — Chamoux. — Coise-Saint-Jean-Pied-Gauthier. — Le Chatelard. — Les Échelles. — Montmélian. — La Motte-Servolex. — Pont-de-Beauvoisin. — La Rochette. — Ruffieux. — Saint-Génix. — Saint-Pierre-d'Albigny. — Yenne. — Aime. — Bourg-Saint-Maurice. — Seez. — Bozel. — Moutiers. — Aiguebelle. — Argentine. — Saint-Alban-des-Hurtières. — Saint-George-des-Hurtières. — Lans-le-Bourg. — La Chambre. — Modane. — Fourneaux. — Saint-Jean-de-Maurienne. — Fontcouverte. — Saint-Jean-d'Arves. — Saint-Michel.

2e série. — Albertville. — Aix-les-Bains.

4e série. — Chambéry.

SAVOIE (HAUTE-).

1re série. — Alby. — Faverges. — Rumilly. — Thônes. — Thorens. — Bonneville. — Chamonix. — Cluses. — Scionzier. — La Roche. — Saint-Gervais-les-Bains. — Saint-Jeoire. — Sallanches. — Samoëns. — Taninges. — Annemasse. — Cranves-Sales. — Gaillard. — Cruseilles. — Frangy. — Reignier. — Saint-Julien. — Seyssel. — Abondance. — Le Biot. — Boëge — Douvaine. — Évian-les-Bains.

2e série. — Thonon.

3e série. — Annecy.

SEINE-INFÉRIEURE.

1re série. — Bacqueville. — Luneray. — Bellencombre. — Envermeu. — Saint-Nicolas-d'Aliermont. — Longueville. — Offranville. — Varengeville-sur-Mer. — Totes. — Gruchet-le-Valasse. — Criquetot-l'Esneval. — Étretat. — Yport. — Goderville. — Sainte-Adresse. — Harfleur. — Saint-Romain-de-Colbosc. — Argueil. — Aumale. — Blangy. — Forges-les-Eaux. — Londinières. — Saint-Saens. — Boos. — Amfreville-la-Mi-Voie. — Blosseville-Bonsecours. — Le Mesnil-Esnard. — Buchy. — Clères. — Monville. — Saint-Léger-du-Bourg-Denis. — Duclair. — La Londe. — Orival. — Saint-Aubin-Jouxte-Boulleng. — Grand-Couronne. — Le Grand-Quevilly. — Maromme. — Le Houlme. — Malaunay. — Mont-Saint-Aignan. — Notre-Dame-de-Bondeville. — Pavilly. — Cany-Barville. — Caudebec-en-Caux. — Doudeville. — Fauville. — Fontaine-le-Dun. — Ourville. — Néville. — Veules. — Valmont. — Augerville-la-Martel. — Saint-Pierre-en-Port. — Yerville.

2e série. — Eu. — Le Tréport. — Graville-Sainte-Honorine. — Sanvic. — Lillebonne. — Montivilliers. — Gournay. — Neufchâtel. — Darnétal. — Bois-Guillaume. — Saint-Pierre-lès-Elbeuf. — Oissel. — Saint-Étienne-du

Rouvray. — Canteleu. — Deville. — Barentin. — Saint-Valery-en-Caux. — Yvetot.

3ᵉ série. — Bolbec. — Caudebec-lès-Elbeuf. — Le Petit-Quevilly.

4ᵉ série. — Fécamp. — Sotteville-lès-Rouen.

5ᵉ série. — Dieppe. — Elbeuf.

8ᵉ série. — Rouen. — Le Havre.

SEINE-ET-MARNE.

1ʳᵉ série — La Ferté-Gaucher. — Rebais. — Rozoy. — Fontenay-Trésigny. — La Chapelle-la-Reine. — Château-Landon. — Souppes. — Avon. — Samois. — Lorrez-le-Bocage. — Moret-sur-Loing. — Claye-Souilly. — Mitry-Mory. — Crécy-en-Brie. — Dammartin-en-Goële. — Jouarre. — Champs. — Chelles. — Thorigny. — Torcy. — Lizy-sur-Ourcq. — Crouy-sur-Ourcq. — Vareddes. — Brie-Comte-Robert. — Le Châtelet-en-Brie. — Dammarie-les-Lys. — Mormant. — Tournan. — Chaumes. — Bray-sur-Seine. — Donnemarie-en-Montois. — Nangis. — Villiers-Saint-Georges.

2ᵉ série. — Coulommiers. — Montereau-faut-Yonne. — Nemours. — La Ferté-sous-Jouarre. — Lagny. — Provins.

3ᵉ série. — Fontainebleau. — Meaux. — Melun.

SEINE-ET-OISE.

1ʳᵉ série. — Arpajon. — Brétigny. — Linas. — Montlhéry. — Boissy-Saint-Léger. — Brunoy. — Draveil. — Montgeron. — Sucy-en-Brie. — Villiers-sur-Marne. — Yerres. — Évry-Petit-Bourg. — Mennecy. — Ris-Orangis. — Soisy-sous-Étioles. — Longjumeau. — Athis-Mons. — Juvisy-sur-Orge. — Savigny-sur-Orge. — Étréchy. — La Ferté-Alais. — Méréville. — Angerville. — Pussay. — Milly. — Bonnières. — Houdan. — Limay. — Magny-en-Vexin. — Mantes-la-Ville. — Écouen. — Domont. — Sarcelles. — Villiers-le-Bel. — Gonesse. — Beaumont-sur-Oise. — Méry-sur-Oise. — Persan. — Luzarches. Viarmes. — Marines. — Bessancourt. — Deuil. — Enghien-les-Bains. — Ermont. — Franconville. — Groslay. — Saint-Gratien. — Saint-Leu-Taverny. — Taverny. — Auvers-sur-Oise. — Saint-Ouen-l'Aumône. — Gagny. — Livry. — Montfermeil. — Neuilly-sur-Marne. — Noisy-le-Grand. — Vaujours. — Chevreuse. — Dourdan. — Saint-Arnoult. — Limours. — Marcoussis. — Montfort-l'Amaury. — Bezons. — Carrières-Saint-Denis. — Cormeilles-en-Parisis. — Herblay. — Houilles. — Montesson. — Sartrouville. — Marly-le-Roi. — Bougival. — Meulan. — Maule. — Les Mureaux. — Palaiseau. — Orsay. — Verrières-le-Buisson. — Andresy. — Conflans-Sainte-Honorine. — Triel. — Croissy-sur-Seine. — Le Pecq. — Chaville. — Garche. — Ville-d'Avray. — Viroflay. — Le Chesnay. — Saint-Cyr-l'École. — Jouy-en-Josas.

2ᵉ série. — Corbeil. — Villeneuve-Saint-Georges. — Essonnes. — Étampes. Mantes-sur-Seine. — L'Isle-Adam. — Montmorency. — Pontoise. — Le Raincy. — Rambouillet. — Sannois. — Rueil. — Poissy. — Chatou. — Maisons-Laffite. — Le Vésinet. — Sèvres. — Meudon. — Saint-Cloud.

3ᵉ série. — Argenteuil.

4ᵉ série. — Saint-Germain-en-Laye.

6ᵉ série. — Versailles.

SÈVRES (DEUX-).

1ʳᵉ série. — Argenton-Château. — Cerizay. — Châtillon-sur-Sèvre. — Les Aubiers. — Saint-Varent. — Thouars. — Brioux. — Périgné. — Celles. — Verrines. — Chef-Boutonne. — Lezay. — Melle. — La Mothe-Saint-Heraye.

— Pamproux. — Sauzé-Vaussais. — Beauvoir. — Champdeniers. — Coulonges-sur-l'Autize. — Frontenay. — Mauzé. — Sainte-Pezenne. — Saint-Florent. — Prahecq. — Azay-le-Brûlé. — Breloux. — Chavagné. — Nanteuil. — Souvigné. — Airvault. — Mazières-en-Gâtine. — Menigoute. — Moncou-lant. — Moutiers-sous-Chantemerle. — Saint-Loup-sur-Thouet. — Secondigny. — Thénezey.

2ᵉ série. — Bressuire. — Saint-Maixent. — Parthenay.

5ᵉ série. — Niort.

SOMME.

1ʳᵉ série. — Ailly-le-Haut-Clocher. — Long. — Pont-Remy. — Saint-Riquier. — Ault. — Fressenneville. — Saint-Quentin-Lamotte-Croix-au-Bailly. — Crécy. — Gamaches. — Dargnies. — Hallencourt. — Allery. — Longpré-les-Corps-Saints. — Moyenneville. — Feuquières-en-Vimeu. — Nouvion. — Rue. — Le Crotoy. — Arrest. — Cayeux-sur-Mer. — Mons-Boubert. — Saint-Sauveur. — Camon. — Boves. — Saleux. — Salouel. — Conty. — Oresmaux. — Fouilloy. — Marcelcave. — Warloy-Baillon. — Hornoy. — Beaucamps-le-Vieux. — Molliens-Vidame. — Airianes. — Quevauvilliers. — Oisemont. — Picquigny. — Ailly-sur-Somme. — Flixecourt. — Poix. — Villers-Bocage. — Flesselles. — Acheux. — Toutencourt. — Bernaville. — Candas. — Domart. — Berteaucourt. — Naours. — Saint-Léger-lès-Domart. — Saint-Ouen. — Beauquesne. — Beauval. — Ailly-sur-Noye. — Arvilliers. — Hangest-en-Santerre. — Le Quesnel. — Rosières. — Caix. — Harbonnières. — Méharicourt. — Bray. — Chaulnes. — Combles. — Manancourt. — Sailly-Saillisel. — Ham. — Athies. — Esméry-Hallon. — Nesle. — Moislains. — Roisel. — Epehy. — Heudicourt. — Ronssoy. — Villers-Faucon.

2ᵉ série. — Saint-Valery-sur-Somme. — Corbie. — Villers-Bretonneux. — Vignacourt. — Doullens. — Montdidier. — Moreuil. — Roye. — Albert. — Péronne.

4ᵉ série. — Abbeville.

7ᵉ série. — Amiens.

TARN.

1ʳᵉ série. — Alban. — Monestiès. — Pampelonne. — Réalmont. — Valderiès. — Valence. — Villefranche. — Saint-Juéry. — Anglès. — Brassac. — Dourgne. — Sorèze. — Labruguière. — Lacaune. — Lautrec. — Montredon. — Murat. — Roquecourbe. — Saint-Amans-Soult. — Labastide-Rouairoux. — Vabre. — Lacaze. — Vielmur. — Sémalens. — Cadalen. — Castelnau-de-Montmiral. — Cordes. — Lisle. — Salvagnac. — Vaour. — Cuq-Toulza. — Saint-Sulpice. — Puylaurens. — Saint-Paul.

2ᵉ série. — Carmaux. — Gaillac. — Rabastens. — Graulhet. — Lavaur.

3ᵉ série. — Mazamet.

4ᵉ série. — Albi.

5ᵉ série. — Castres.

TARN-ET-GARONNE.

1ʳᵉ série. — Grisolles. — Lavit. — Montech. — Finhan. — Saint-Nicolas. — Verdun. — Auvillar. — Bourg-de-Visa. — Lauzerte. — Montaigu. — Valence. — Lamagistère. — Caussade. — Septfonds. — Caylus. — Lafrançaise. — Molières. — Monclar. — Montpezat. — Puylaroque. — Négrepelisse. Saint-Antonin. — Villebrumier.

2ᵉ série. — Beaumont. — Castelsarrasin. — Moissac.

4ᵉ série. — Montauban.

VAR.

1re série. — Barjols. — Bras. — Varrages. — Besse. — Flassans. — Gonfaron. — Pignans. — Camps. — Tourves. — Le Val. — Cotignac. — Carcès. — Rians. — Vinon. — La Roquebrussanne. — Saint-Maximin. — Pourrières. — Saint-Zacharie. — Tavernes. — Aups. — Callas. — Bargemon. — Comps. — Flayosc. — Trans. — Fayence. — Callian. — Fréjus. — Le Muy. — Roquebrune. — Saint-Raphaël. — Grimaud. — Cogolin. — La Garde-Freinet. — Lorgues. — Les Arcs. — Le Luc. — Vidauban. — Salernes. — Le Beausset. — Signes. — Collobrières. — Bormes. — Carnoules. — Pierrefeu. — Puget-Ville. — La Crau. — Ollioules. — Bandol. — Saint-Nazaire. — Solliès-Pont. — La Garde. — La Valette.

2e série. — Brignoles. — Draguignan. — Saint-Tropez. — Cuers. — Hyères. — La Seyne.

6e série. — Toulon.

VAUCLUSE.

1re série. — Bonnieux. — Cadenet. — Cucuron. — Lauris. — Gordes. — La Tour-d'Aigues. — Morières. — Bédarrides. — Courthézon. — Vedène. — Caumont. — Saint-Saturnin-lès-Avignon. — Thor. — Aubignan. — Caromb. — Entraigues. — Mazan. — Monteux. — Mormoiron. — Bédoin. — Villes. — Pernes. — Sault. — Beaumes. — Bollène. — Lapalud. — Mondragon. — Sainte-Cécile. — Malaucène. — Caderousse. — Vaison.

2e série. — Apt. — Pertuis. — Sorgues. — Cavaillon. — L'Isle. — Carpentras. — Orange. — Valréas.

5e série. — Avignon.

VENDÉE.

1re série. — Chaillé-les-Marais. — Champagné. — L'Ille-d'Elle. — La Châtaigneraie. — Le Langon. — L'Hermenault. — Nalliers. — Aiguillon-sur-Mer. — Grues. — Sainte-Gemme-la-Plaine. — Saint-Michel-en-l'Herm. — Triaize. — Maillezais. — Benet. — Doix. — Vix. — Pouzauges. — Saint-Hilaire-des-Loges. — Saint-Michel-le-Cloucq. — Sainte-Hermine. — Chantonnay. — Les Essarts. — Dompierre. — Les Herbiers. — Mareuil. — Montaigu. — Saint-Hilaire-de-Loulay. — Mortagne. — Saint-Laurent-sur-Sèvre. — Le Poiré-sur-Vie. — Aizenay. — Rocheservière. — La Chaize-le-Vicomte. — Saint-Fulgent. — Chauché. — Beauvoir. — Bouin. — Challans. — L'île-d'Yeu. — La Mothe-Achard. — Les Moutiers-les-Maufaits. — Saint-Vincent-sur Craon. — Noirmoutier. — Barbâtre. — Palluau. — Saint-Gilles-sur-Vie. — Croix-de-Vie. — Saint-Jean-de-Monts. — Talmont.

2e série. — Fontenay-le-Comte. — Luçon. — La Roche-sur-Yon.

3e série. — Les Sables-d'Olonne.

VIENNE.

1re série. — Dangé. — Leigné-sur-Usseau. — Lencloître. — Pleumartin. — Vouneuil-sur-Vienne. — Beaumont. — Availles-Limousine. — Charroux. — Civray. — Couhé. — Gençay. — Moncontour. — Monts-sur-Guesnes. — Les Trois-Moutiers. — Chauvigny. — L'Isle-Jourdain — Lussac-les-Châteaux. — Saint-Savin. — La Trimouille. — Lusignan. — Mirebeau. — Neuville. — Saint-Georges. — Jaulnay. — Saint-Julien-l'Ars. — La Villedieu. — Vivonne. — Vouillé.

2e série. — Loudun. — Montmorillon.

4e série. — Châtellerault.

5e série. — Poitiers.

VIENNE (HAUTE-).

1re série. — Bessines. — Châteauponsac. — Le Dorat. — Magnac-Laval. — Mézières. — Nantiat. — Saint-Sulpice-les-Feuilles. — Aixe-sur-Vienne. — Ambazac. — Châteauneuf. — Eymoutiers. — Laurière. — Nieuille. — Pierre-Buffière. — Oradour-sur-Veyres. — Rochechouart. — Saint-Laurent-sur-Gorre. — Saint-Mathieu. — Chalus. — Nexon. — Saint-Germain-les-Belles.

2e série. — Bellac. — Saint-Léonard. — Saint-Junien. — Saint-Yrieix.

6e série. — Limoges.

VOSGES.

1re série. — Bains. — Fontenoy-le-Château. — Gruey-les-Surance. — Bruyères. — Grandvillers. — Châtel. — Xertigny. — La Chapelle-aux-Bois. — Darnay. — Dompaire. — Monthureux-sur-Saône. — Vittel. — Bulgnéville. — Châtenois. — Coussey. — Lamarche. — Martigny-les-Bains. — Grand. — Liffol-le-Grand. — Rouceux. — Plombières. — Le Val-d'Ajol. — Pouxeux. — Saulxures-sur-Moselotte. — La Bresse. — Cornimont. — Le Thillot. — Brouvelieures. — Corcieux. — Granges. — Fraize. — Gérardmer. — Provenchères-sur-Fave. — Celles. — Étival. — La Neuveville-les-Raon. — Moyenmoutier. — La Petite-Raon.

2e série. — Rambervillers. — Thaon. — Charmes. — Mirecourt. — Neufchâteau. — Remiremont. — Raon-l'Étape. — Senones.

4e série. — Épinal. — Saint-Dié.

YONNE.

1re série. — Saint-Bris. — Appoigny. — Chablis. — Coulanges-la-Vineuse. — Coulanges-sur-Yonne. — Courson-les-Carrières. — Ligny-le-Châtel. — Maligny. — Saint-Florentin. — Saint-Sauveur. — Seignelay. — Cheny. — Héry. — Mont-Saint-Sulpice. — Toucy. — Vermenton. — Cravant. — Guillon. — L'Isle-sur-Serein. — Quarré-les-Tombes. — Vézelay. — Châtel-Censoir. — Aillant. — Fleury-Vallée-d'Aillant. — Bléneau. — Brienon-sur-Armançon. — Cerisiers. — Charny. — Saint-Fargeau. — Saint-Julien-du-Sault. — Chéroy. — Pont-sur-Yonne. — Villeneuve-la-Guyard. — Sergines. — Vinneuf. — Villeneuve-l'Archevêque. — Ancy-le-Franc. — Ravières. — Cruzy-le-Châtel. — Flogny. — Noyers.

2e série. — Avallon. — Joigny. — Villeneuve-sur-Yonne. — Tonnerre.

4e série. — Auxerre. — Sens.

ERRATUM.

Par erratum inséré au *Journal officiel* du 13 avril 1890 et au *Bulletin des lois*, les chiffres de la population agglomérée des trois communes suivantes ont été ainsi rectifiés (Décret du 12 décembre 1889) :

Loir-et-Cher. — Onzain, *983* au lieu de 1008.

Vosges. — La Chapelle-aux-Bois, *375* au lieu de 1375.

Vosges. — Étival, *279* au lieu de 1448.

En conséquence, les communes ci-dessus désignées doivent être rayées du décret du 31 janvier 1890.

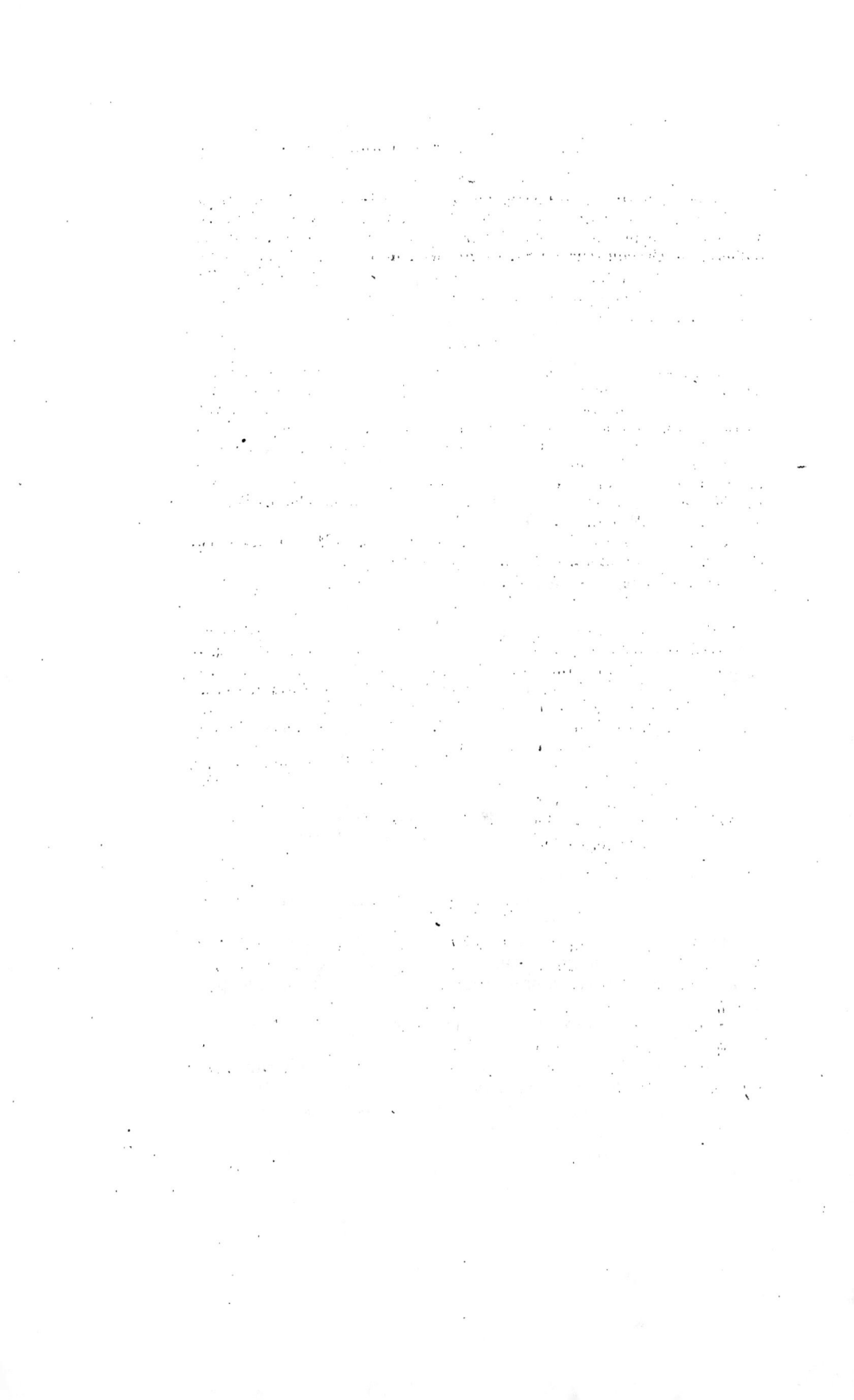

DÉCRET DU 31 MARS 1890

portant règlement d'administration publique sur les indemnités de rési-
dence à allouer au personnel enseignant des Écoles primaires publiques
dans les villes ayant plus de 100,000 habitants et les communes du
département de la Seine ayant plus de 1,000 habitants de population
agglomérée.

LE PRÉSIDENT DE LA RÉPUBLIQUE FRANÇAISE,

Sur le rapport du Ministre de l'Intérieur, du Ministre des Finances
et du Ministre de l'Instruction publique;

Vu la loi du 19 juillet 1889, notamment:

Les paragraphes 4 et 5 de l'article 12 ainsi conçus :

« Dans les villes de plus de 100,000 âmes et dans les communes du
département de la Seine comprises dans les catégories ci-dessus, le
taux de l'indemnité de résidence sera élevé, s'il y a lieu, pour parfaire, avec le traitement légal nouveau, tant pour les instituteurs et
les institutrices en exercice que pour leurs successeurs, le chiffre des
émoluments régulièrement soumis à retenues tel qu'il résulte de la
moyenne des trois années antérieures à l'exercice 1889. Dans aucun
cas, la part contributive de l'État n'excédera le produit des quatre
centimes.

« Un règlement d'administration publique dressera, d'après les bases
ci-dessus indiquées pour chacune de ces communes et pour les diverses catégories du personnel, le tableau des indemnités de résidence » ;

L'article 48, § 7, portant qu'un règlement d'administration publique
statuera sur le mode de payement des indemnités de résidence à la
charge des communes;

Et l'article 53, ainsi conçu ;

« La disposition finale du paragraphe 4 de l'article 12 sera appliquée
immédiatement après la promulgation de la loi aux cinq villes qui
jusqu'ici n'ont pas joui de l'exonération du prélèvement du cinquième.
Elle sera appliquée progressivement, dans le délai de huit années,
aux autres communes de plus de 100,000 âmes visées dans ledit paragraphe.

« Le règlement d'administration publique prévu à l'article 12 déterminera :

« 1° Pour les villes de plus de 100,000 âmes et pour chacune des
huit années, le chiffre de la réduction à opérer sur la dernière subvention annuelle qu'elles auront reçue de l'État pour les traitements
des instituteurs et des institutrices ;

« 2° Pour les communes du département de la Seine, le chiffre de
la subvention additionnelle qu'elles continueront à recevoir de l'État

et qui ne pourra être supérieure au montant du traitement légal nouveau » ;

Vu le décret du 31 janvier 1890 ;

Vu l'avis du Conseil supérieur de l'Instruction publique en date du 8 novembre 1889 ;

Le Conseil d'État entendu,

DÉCRÈTE :

ART. 1er. Dans les villes de Paris, Lyon, Marseille, Bordeaux, Lille, Toulouse, Nantes, le Havre, Saint-Étienne, Rouen, qui ont plus de 100,000 habitants de population agglomérée, le taux de l'indemnité de résidence reste fixé conformément aux indications des paragraphes 1er et 2e de l'article 12 de la loi du 19 juillet 1889.

ART. 2. Jusqu'à ce que le tableau dont la confection est prescrite par l'article 12, § 5, de la loi du 19 juillet 1889 ait fixé le taux de l'indemnité de résidence dans les communes du département de la Seine ayant plus de 1,000 habitants de population agglomérée, chaque instituteur et chaque institutrice recevront, à titre d'indemnité de résidence, la somme nécessaire pour parfaire, avec leur traitement légal nouveau, le chiffre de leurs émoluments régulièrement soumis à retenue, tel qu'il résulte de la moyenne des trois années antérieures à l'exercice 1889.

ART. 3. Tant que les instituteurs et institutrices des villes désignées à l'article 1er resteront dans le poste où ils se trouvent actuellement et dans la classe où ils seront rangés par application des articles 12 et 34 de la loi du 19 juillet 1889, l'indemnité de résidence qui leur sera attribuée sera fixée conformément aux bases déterminées par l'article précédent.

ART. 4. Dans les villes de Toulouse, Nantes, le Havre, Rouen, Saint-Étienne, la subvention de l'État prévue par l'article 53, § 1, de la loi du 19 juillet 1889 est fixée conformément aux indications du tableau annexé au présent décret.

ART. 5. Dans les communes du département de la Seine ayant plus de 1,000 habitants de population agglomérée, la subvention additionnelle de l'État, prévue par l'article 53, § 2, sera égale à la somme qui, s'ajoutant au produit des quatre centimes indiqués à l'article 12, permettra d'assurer aux instituteurs le traitement légal nouveau et, s'il y a lieu, le traitement garanti par l'article 6 de la loi du 16 juin 1881, déduction faite de l'indemnité de résidence.

ART. 6. Les dispositions de l'article 1er, § 2, et de l'article 2 du décret du 31 janvier 1890, sur les indemnités de résidence sont applicables aux villes de plus de 100,000 âmes mentionnées dans le présent décret.

ART. 7. Le préfet mandatera sur les crédits du Ministère de l'Instruction publique le montant des émoluments dus à chaque instituteur ou institutrice. A cet effet, le receveur municipal des villes désignées dans l'article 1" versera, à la fin de chaque trimestre, à la caisse du trésorier-payeur général, à titre de fonds de concours pour dépenses publiques : 1° la part contributive de la commune dans cette dépense, — somme égale à la différence entre le produit des quatre centimes et l'ensemble des traitements légaux ; — 2° l'indemnité de résidence qui, s'ajoutant au traitement légal, permettra de parfaire pour chaque instituteur le chiffre des émoluments qui lui sont garantis par l'article 12 ou par l'article 51 de la loi du 19 juillet 1889.

ART. 8. Les Ministres de l'Intérieur, des Finances et de l'Instruction publique et des Beaux-Arts sont chargés, chacun en ce qui le concerne, de l'exécution du présent décret, qui sera inséré au *Bulletin des lois* et au *Journal officiel.*

CARNOT.

Par le Président de la République :
Le Ministre de l'Instruction publique et des Beaux-Arts,
LÉON BOURGEOIS.

Le Ministre de l'Intérieur,   *Le Ministre des Finances,*

CONSTANS.   ROUVIER.

NOMS DES COMMUNES.	SUBVENTION ADDITIONNELLE DE L'ÉTAT. (Régime transitoire 1890-1897.)							
1	1890. 2	1891. 3	1892. 4	1893. 5	1894. 6	1895. 7	1896. 8	1897. 9
	francs.	francs.	francs.	francs.	francs.	francs.	francs.	francs.
Toulouse....	96,000	84,000	72,000	60,000	48,000	36,000	24,000	12,000
Nantes......	56,000	49,000	42,000	25,000	28,000	21,000	14,000	7,000
Le Ha re....	152,000	133,000	114,000	95,000	76,000	57,000	38,000	19,000
Saint-Étienne.	184,000	161,600	138,000	115,000	92,000	69,000	46,000	23,000
Rouen......	56,000	49,000	42,000	35,000	28,000	21,000	14,000	7,000

DÉCRET

portant règlement d'administration publique sur le matériel obligatoire d'enseignement, les livres et les registres scolaires dans les écoles publiques.

Le Président de la République française,

Sur le rapport du Ministre de l'Intérieur, du Ministre des Finances et du Ministre de l'Instruction publique ;

Vu la loi du 19 juillet 1889, et notamment les articles 4, § 5, 6, et 48, § 1, 2 et 3 ;

Vu la loi du 30 octobre 1886, et notamment les articles 11 à 15 de cette loi ;

Vu la loi du 28 mars 1882, et notamment les articles 8, 10 et 17 de cette loi ;

Vu les décrets du 4 février et du 27 mai 1888, relatifs au classement des écoles obligatoires et des écoles facultatives ;

Vu le règlement d'administration publique du 17 mars 1888, relatif aux écoles manuelles d'apprentissage et autres écoles primaires professionnelles ;

Vu les règlements organiques du 18 janvier 1887 ;

Vu l'avis du Conseil supérieur de l'Instruction publique, en date du 8 novembre 1889 ;

Le Conseil d'État entendu,

Décrète :

CHAPITRE Iᵉʳ.

ÉTABLISSEMENTS D'ENSEIGNEMENT PRIMAIRE, ÉLÉMENTAIRE ET SUPÉRIEUR.

SECTION Iʳᵉ.

MATÉRIEL DE CLASSE À USAGE COLLECTIF.

Art. 1ᵉʳ. Dans toute école primaire élémentaire publique, le matériel obligatoire d'enseignement à usage collectif comprend :

Un tableau noir avec ses accessoires ;

Une armoire-bibliothèque pour le dépôt des cahiers, des livres, des documents administratifs et des fournitures scolaires ;

8.

Un tableau du système métrique;
Une carte murale de France;
Dans les écoles de filles, l'étoffe nécessaire à l'enseignement élémentaire de la couture.

ART. 2. Pour les écoles autres que les écoles primaires élémentaires, créées et entretenues facultativement par les communes, mais avec le concours de l'État, le matériel d'enseignement faisant partie des dépenses obligatoires pour lesquelles sont contractés les engagements prévus par le décret du 4 février 1888 et par l'article 5 de la loi du 19 juillet 1889 est fixé conformément au tableau ci-dessous :

Écoles maternelles et classes enfantines.

Des collections de jouets, d'images, de bâtonnets, lettres, cubes et autres objets nécessaires pour les petits exercices, jeux et travaux manuels connus sous le nom de « méthode Frœbel »;
Deux tableaux noirs, dont un quadrillé;
Des ardoises à deux faces, dont une quadrillée;
Une méthode de lecture en tableaux;
Un boulier;
Un sifflet, un diapason.

Écoles primaires supérieures et professionnelles (garçons et filles).

Tableaux noirs;
Armoire-bibliothèque;
Carte murale : Europe (physique et politique);
Carte murale : France (physique et politique);
Carte murale : Algérie, colonies françaises;
Globe terrestre;
Compendium métrique;
Appareils et instruments de physique et de chimie;
Tableaux d'histoire naturelle;
Modèles en plâtre pour l'enseignement du dessin;

Appareils, dessins et étoffes nécessaires à l'enseignement de la couture, coupe et assemblage;

Mobilier, outils et matières premières nécessaires à l'enseignement des travaux manuels.

ART. 3. Des instructions ministérielles détermineront les règles d'installation et d'emploi des divers objets et appareils d'enseignement placés dans les écoles publiques par application des articles précédents.
L'exécution de ces instructions est confiée à l'instituteur sous l'autorité de l'inspection académique.

ART. 4. Au matériel obligatoire indiqué dans les articles ci-dessus toute commune peut ajouter ceux des appareils d'enseignement dont l'introduction et l'usage auront été approuvés par l'Inspecteur d'académie.

SECTION II.

REGISTRES SCOLAIRES.

ART. 5. Les registres scolaires dont la fourniture est à la charge des communes comprennent :

Le registre-matricule ou registre d'inscription des élèves admis à l'école ;

Le registre d'appel ou registre de constatation des présences journalières ;

Le registre d'inventaire du mobilier de l'école et du matériel d'enseignement ;

Le registre d'inventaire du mobilier personnel, quand ce mobilier est fourni aux instituteurs par la commune ;

Le catalogue des livres de la bibliothèque scolaire avec le registre des entrées et des sorties ;

Et, en outre, dans les écoles maternelles, le registre destiné au médecin de l'école.

ART. 6. Toute commune devra mettre à la disposition de la commission scolaire un registre de délibérations ainsi que les imprimés nécessaires pour l'exécution de la loi du 28 mars 1882.

SECTION III.

MATÉRIEL D'ÉTUDE À USAGE INDIVIDUEL.

ART. 7. Dans les écoles primaires élémentaires, tout élève doit être muni au minimum des objets classiques ci-après énumérés :

1° Le cahier de devoirs mensuels prévu par l'article 15 du règlement organique du 18 janvier 1887 ;

2° Les objets de papeterie nécessaires pour qu'il puisse prendre part régulièrement à tous les exercices et devoirs écrits que comporte le programme de sa classe ;

3° En outre :

Dans le cours élémentaire (6-8 ans) :

Une ardoise ;

Un premier livre de lecture.

Dans le cours moyen (9-10 ans) :

Des cahiers pour les devoirs journaliers ;

Un livre de lectures courantes approprié au programme du cours moyen ;

Une grammaire élémentaire avec exercices;
Une arithmétique élémentaire;
Un petit atlas élémentaire de géographie;
Un livre d'histoire de France.

Dans le cours supérieur (11-12 ans) :

Des cahiers pour les devoirs journaliers;
Un livre de lectures courantes approprié au programme du cours supérieur;
Une grammaire française avec exercices;
Une arithmétique;
Un livre d'histoire de France ou d'histoire générale conforme au programme;
Un atlas de géographie;
Un livre d'instruction morale et civique.

SECTION IV.

FOURNITURES SCOLAIRES.

Art. 8. Dans les communes où la gratuité des fournitures scolaires n'est pas assurée par le budget municipal, l'acquisition des objets énumérés à l'article 7 est à la charge des familles.

Les ressources provenant de la caisse des écoles et la subvention de l'État inscrite au budget du Ministère de l'Instruction publique pour venir en aide à ces établissements seront affectées, en premier lieu à la fourniture gratuite des livres aux élèves indigents.

Art. 9. Dans tous les cas où un conseil municipal inscrit à son budget des crédits destinés à assurer la fourniture gratuite des livres de classe, soit aux élèves indigents, soit à tous les élèves, il appartient à l'Inspecteur d'académie de désigner, sur la proposition des instituteurs, parmi les livres qui figurent sur la liste départementale, ceux à l'acquisition desquels ces crédits seront affectés.

Cette disposition est applicable au cas où les caisses des écoles fournissent gratuitement des livres aux élèves indigents.

La liste des enfants indigents est arrêtée dans chaque commune par la commission scolaire.

Art. 10. L'article précédent est applicable aux écoles primaires supérieures.

CHAPITRE II.

ÉCOLES NORMALES PRIMAIRES.

Art. 11. Le matériel d'enseignement comprend le matériel à usage collectif et le matériel à usage individuel.

ART. 12. Le matériel d'enseignement à usage collectif se compose au minimum de :

Pour chaque salle d'étude :
Un tableau noir ;
Une armoire-bibliothèque.

En outre, et répartis dans les salles de classe et autres locaux convenant à cette affectation, les objets suivants, conformément à l'énumération fournie par les tableaux annexés au règlement sur l'administration et la comptabilité des écoles normales :
Cartes murales ; — globes terrestres ;
Meubles, instruments et appareils nécessaires à l'enseignement de la physique et de la chimie ;
Tableaux et collections pour l'enseignement de l'histoire naturelle ;
Vitrines et rayons pour la bibliothèque ;
Meubles, instruments, appareils et outils pour la musique, le jardinage et le travail manuel ;
Meubles, tableaux, appareils, modèles et objets nécessaires à l'enseignement du dessin et du modelage ;
Appareils et agrès nécessaires aux exercices de gymnastique.

Dans les écoles de garçons :
Instruments et appareils nécessaires à l'arpentage et au nivellement ;
Fusils pour les exercices militaires.

Dans les écoles de filles :
Meubles, appareils et dessins nécessaires à l'enseignement de la couture.

ART. 13. Le matériel d'enseignement à usage individuel comprend au minimum :

Livres de cours ;
Cahiers de notes ;
Boîte de mathématiques ;
Carton porte-dessin ;
Règle, équerre ;
Double décimètre ;
Crayons ;
Pinceaux ;
Estompes ;
Ébauchoirs et mirettes.

ART. 14. Sont rapportées toutes les dispositions antérieures contraires au présent décret.

ART. 15. Les Ministres de l'Intérieur, des Finances, de l'Instruction publique et des Beaux-Arts sont chargés, chacun en ce qui le concerne, de l'exécution du présent décret, qni sera inséré au *Bulletin des lois*.

Fait à Paris, le 29 janvier 1890.

CARNOT.

Par le Président de la République :

Le Ministre de l'Intérieur,   *Le Ministre des Finances,*

CONSTANS.   ROUVIER.

*Le Ministre de l'Instruction publique
et des Beaux-Arts,*

A. FALLIÈRES.

DÉCRET DU 29 MARS 1890

portant règlement d'administration publique sur l'administration et la comptabilité des écoles normales primaires, sur les prestations en nature à concéder au personnel de ces écoles et sur le régime des écoles annexes.

LE PRÉSIDENT DE LA RÉPUBLIQUE FRANÇAISE,

Sur le rapport du Ministre de l'Instruction publique et des Beaux-Arts, du Ministre de l'Intérieur et du Ministre des Finances;

Vu l'article 47 et les paragraphes 12 et 16 de l'article 48 de la loi du 19 juillet 1889, ainsi conçus :

« Il est statué par des règlements d'administration publique :

« Sur les règles d'administration et de comptabilité des écoles normales primaires et notamment sur le régime des écoles annexes;

« Sur les prestations en nature à concéder au personnel des écoles normales primaires »;

Vu les lois des 9 août 1879 et 16 juin 1881;

Vu le règlement de comptabilité du Ministère de l'Instruction publique en date du 16 octobre 1867;

Vu le décret relatif à l'organisation des écoles normales primaires en date du 18 janvier 1887;

Vu les décrets des 29 juillet 1882 et 16 avril 1883, portant règlement pour l'administration et la comptabilité intérieures des écoles normales primaires;

Vu l'avis du Conseil supérieur de l'Instruction publique en date du 8 novembre 1889;

Le Conseil d'État entendu,

DÉCRÈTE :

TITRE I.

DE L'ADMINISTRATION DES ÉCOLES NORMALES PRIMAIRES.

ART. 1er. Chaque école normale primaire est administrée par un directeur et un conseil d'administration.

Un économe ou, dans le cas prévu à l'article 21 de la loi du 19 juillet 1889, un maître faisant fonctions d'économe est chargé, sous l'autorité du directeur, de la comptabilité et de la gestion de l'établissement.

Le directeur et l'économe sont nommés par le Ministre de l'Instruction publique.

Le conseil d'administration est désigné dans les conditions déterminées par le dernier paragraphe de l'article 47 de la loi du 19 juillet
1889.

ART. 2. Le conseil d'administration donne son avis sur le budget
et les comptes de l'école normale, ainsi que sur les demandes de
crédits supplémentaires, dans les conditions déterminées au titre II
du présent règlement.

Il est consulté sur les actions judiciaires que l'école normale doit
intenter ou auxquelles elle doit défendre.

Il fixe, sur la proposition du directeur et sous réserve de l'approbation du Ministre de l'Instruction publique, le nombre et les gages
des gens de service attachés à l'école, la distribution des locaux entre
les différents services de l'école, le mode de chauffage et d'éclairage,
la ration journalière et les frais d'entretien des élèves-maîtres.

Il soumet au recteur des propositions pour la nomination du médecin de l'école.

ART. 3. Le conseil d'administration doit visiter l'école tous les
mois; il adresse, au mois de juillet, chaque année, au recteur un rapport sur la situation matérielle de l'établissement.

Ce rapport est communiqué au préfet par le recteur.

ART. 4. Le directeur engage et ordonnance les dépenses dans les
limites des crédits régulièrement alloués. Il passe les marchés.

Il surveille et contrôle toutes les parties du service de l'économat,
sans pouvoir s'immiscer dans le maniement des deniers et des matières.

Il représente l'école en justice, mais ne peut engager aucune action
ou y défendre sans l'avis du conseil d'administration et l'autorisation du conseil de préfecture.

Il assiste aux séances du conseil d'administration avec voix consul-
tative, s'il n'est pas désigné par le recteur pour faire partie de ce conseil
par application de l'article 47 de la loi du 19 juillet 1889.

ART. 5. L'économe règle, sous l'autorité du directeur, tous les
détails du service intérieur. Il choisit, avec l'agrément du directeur,
les gens de service.

Il discute les conditions des marchés et prépare les cahiers des
charges.

Il est chargé, comme agent comptable, d'effectuer, conformément
aux dispositions du titre II du présent règlement, toutes les recettes
et toutes les dépenses de l'école et de faire tous les actes nécessaires
pour assurer la conservation des biens appartenant à l'école.

Il a la garde des titres de propriété ou de rente et des valeurs
appartenant à l'école.

Il assiste à la réception des fournitures de toute espèce; il en vérifie
la quantité et la qualité.

ART. 6. Les marchés pour le compte de l'école sont faits dans les
conditions déterminées pour les marchés communaux par l'ordon-

nance du 14 novembre 1837. Ils doivent, autant que possible, être passés pour une année.

Les articles de consommation qui ne peuvent être l'objet d'un marché préalable, et doivent par suite être achetés au comptant, sont désignés par le conseil d'administration.

ART. 7. Il est établi, dans chaque école, une table commune à laquelle ne sont admis que les élèves-maîtres et les maîtres internes chargés de la surveillance.

Dans les écoles normales d'institutrices, les maîtresses ainsi que les économes et les directrices peuvent être autorisées par le Ministre de l'Instruction publique à prendre leurs repas à la table commune. Cette autorisation ne peut être donnée au personnel spécial chargé d'un enseignement accessoire.

Tous les membres du personnel enseignant ou administratif admis à la table commune doivent verser une somme de 400 francs par personne et par an.

ART. 8. La fourniture du trousseau est à la charge des familles.

ART. 9. Les prestations, à la charge de l'école, comprennent :

1° Les dépenses d'infirmerie pour les élèves-maîtres et les maîtres internes ;

2° Le chauffage et l'éclairage du cabinet du directeur, du bureau de l'économe, des chambres des maîtres internes.

Les prestations comprises au paragraphe 2 sont fixées par le conseil d'administration.

ART. 10. Dans les écoles normales, le mobilier comprend les objets suivants :

1° Sièges, tables et pupitres pour les élèves et pour les maîtres ;

2° Appareils de chauffage et d'éclairage ;

3° Meubles et ustensiles de cuisine ;

4° Lits des élèves avec la literie complète (sommiers, matelas, draps, couvertures, traversin), oreiller, armoire, descente de lit, chaise ;

5° Draps, serviettes de toilette et linge de table pour les personnes admises à la table commune et pour les gens de service ;

6° Meubles pour la salle de commission, pour le cabinet du directeur ou de la directrice et de l'économe, pour les chambres de l'économe, des maîtres chargés de la surveillance et pour les chambres des maîtresses ;

7° Mobilier pour la bibliothèque et pour le cabinet des collections ;

8° Mobilier nécessaire à l'infirmerie.

Aucune prestation en nature autre que celles prévues à l'article 9 et au paragraphe 5 du présent article n'est autorisée pour les personnes admises à la table commune et pour les gens de service.

Art. 11. Dans les écoles normales primaires où n'existent pas les bâtiments nécessaires au logement de la totalité ou de partie des élèves-maîtres, les allocations à payer pour le logement des élèves non logés à l'école normale et pour la fourniture des objets mobiliers prévus aux paragraphes 4 et 5 de l'article 10 sont à la charge du département. Ces allocations sont fixées par le Ministre de l'Instruction publique, après avis du conseil général. Le montant en est versé à la caisse de l'école normale.

Art. 12. Le prix de logement des élèves demi-pensionnaires ainsi que le prix de pension des élèves externes sont fixés par le Ministre de l'Instruction publique sur la proposition du recteur.

La pension des élèves externes comprend :

1° Le logement;

2° La fourniture des objets prévus aux paragraphes 4 et 5 de l'article 10;

3° La nourriture;

4° Le chauffage;

5° Le blanchissage et le menu raccommodage du linge et des effets d'habillement.

Le montant de la pension ou du logement est payé directement par l'économe aux personnes qui reçoivent des élèves externes ou demi-pensionnaires.

Art. 13. Les dépenses des écoles annexes, quand ces écoles sont installées dans les bâtiments de l'école normale, sont à la charge de l'école normale pour le chauffage et l'éclairage, et à la charge du département pour la fourniture du mobilier.

Dans le cas où les écoles annexes ne sont pas installées dans les bâtiments de l'école normale, elles sont soumises au même régime que les écoles primaires publiques.

Art. 14. Le jardin de l'école est affecté en totalité aux promenades, aux récréations et aux travaux horticoles des élèves-maîtres, ainsi qu'à la culture des légumes et fruits nécessaires à l'école normale. Si la production est supérieure à la consommation, les légumes et fruits sont vendus au profit de l'école normale.

TITRE II.

DE LA COMPTABILITÉ.

SECTION Iʳᵉ.

DU BUDGET.

Art. 15. Le budget de l'école normale se divise en budget ordinaire et budget extraordinaire.

Art. 16. Les recettes du budget ordinaire se composent:

1° Des prix de pension pour les élèves-maîtres, fixés conformément au tarif déterminé annuellement pour chaque école normale par le Ministre de l'Instruction publique, et payés par l'État conformément aux dispositions de l'article 25 du présent règlement;

2° Du prix de pension payé par le personnel de l'école admis à la table commune;

3° Du revenu des biens appartenant à l'école ou dont elle a la jouissance;

4° Des remboursements pour dégradations et objets perdus;

5° Des allocations dues par le département dans le cas prévu à l'article 11.

ART. 17. Les dépenses du budget ordinaire comprennent:

1° Les dépenses de nourriture;

2° Les dépenses de blanchissage du linge, menu raccommodage du linge et des effets d'habillement des élèves-maîtres;

3° Les frais du service intérieur;

4° Les dépenses diverses;

5° Les dépenses d'ordre du montant des produits du jardin consommés en nature;

6° Les dépenses pour le logement des élèves demi-pensionnaires ou externes.

ART. 18. Les recettes du budget extraordinaire se composent:

1° Du prix des immeubles aliénés;

2° Du produit des aliénations des rentes sur l'État;

3° Du produit des emprunts;

4° Des subventions, dons et legs et autres recettes accidentelles.

ART. 19. Les dépenses du budget extraordinaire comprennent:

1° L'achat de rentes sur l'État;

2° L'achat de terrains ou de bâtiments;

3° Les acquisitions pour la bibliothèque et les collections de l'école;

4° Les achats de livres à distribuer aux élèves-maîtres;

5° Les frais de procédure;

6° L'intérêt et l'amortissement des emprunts;

7° Les dépenses accidentelles et temporaires imputées sur les ressources extraordinaires.

ART. 20. Le directeur soumet au conseil d'administration le budget de l'école pour l'année suivante, dans la dernière quinzaine du mois de mai de chaque année.

Les dépenses de nourriture sont évaluées d'après le nombre des élèves et des personnes admises à la table commune.

Le conseil d'administration, dans la première quinzaine du mois de juin, émet son avis sur le budget présenté par le directeur.

Le président du conseil d'administration adresse au recteur, en triple expédition, le projet de budget soumis au conseil d'administration. Il y joint les délibérations du conseil d'administration et toutes les pièces à l'appui. Le recteur transmet au Ministre l'une de ces expéditions et envoie les deux autres au préfet.

Art. 21. La durée de la période pendant laquelle doivent se consommer tous les faits de recettes et de dépenses de chaque exercice se prolonge :

1° Jusqu'au 28 février de la seconde année pour la liquidation et l'ordonnancement des sommes dues aux créanciers ;

2° Jusqu'au 31 mars de cette seconde année pour compléter les opérations relatives au recouvrement des produits et au payement des dépenses.

Art. 22. Chaque année, dans le mois qui suit la clôture de l'exercice, le conseil d'administration, sur la proposition du directeur, donne son avis sur les chapitres additionnels à ajouter au budget de l'exercice en cours.

Ces chapitres comprennent : en recettes, les restes à recouvrer et, s'il y a lieu, l'excédent de l'exercice expiré ; en dépenses, les restes à payer de l'exercice expiré, qui sont reportés à l'exercice courant.

L'excédent des recettes ordinaires sur les dépenses de même nature doit être affecté au payement des dépenses énumérées à l'article 17.

Art. 23. Le préfet soumet le projet de budget au conseil général à la session d'août et le transmet au Ministre de l'Instruction publique dans les quinze jours qui suivent la clôture de cette session avec un extrait de la délibération du conseil général.

Art. 24. Le budget est arrêté par le Ministre de l'Instruction publique, qui en transmet une ampliation au recteur et une autre au préfet. Le recteur en adresse copie au directeur de l'école.

Art. 25. Les prix de pension alloués par l'État à l'école normale sont mandatés par le préfet au nom de l'économe sur ordonnance de délégation du Ministre de l'Instruction publique et payés à la caisse du trésorier-payeur général.

Les traitements du personnel des écoles normales sont payés directement par les comptables de l'État au personnel de l'école dans les conditions qui seront déterminées par des arrêtés des Ministres de l'Instruction publique et des Finances.

Art. 26. La somme de 400 francs due, en vertu de l'article 18 de la loi du 19 juillet 1889, par les commensaux à la table commune est prélevée sur leur traitement et versée par douzième à la caisse de l'école par le comptable chargé de payer les traitements du personnel de l'école.

Art. 27. Les produits du jardin ne doivent être consommés qu'à la table commune. Ceux qui ne peuvent être consommés en nature doivent être vendus.

Il est fait recette pour ordre dans les écritures de l'économe de ces produits dont la valeur est évaluée d'après les cours du marché local.

Les produits qui ne peuvent être consommés en nature sont vendus, et le prix en est encaissé par l'économe sur le vu d'un titre de perception délivré par le directeur.

ART. 28. Les acquisitions d'immeubles, les achats de rentes sur l'État, les aliénations des biens de l'école, ainsi que les emprunts sont proposés par le directeur, votés par le conseil d'administration et approuvés par décrets rendus sur la proposition du Ministre de l'Instruction publique.

ART. 29. L'acceptation des dons et legs faits à l'école normale est autorisée par le Ministre de l'Instruction publique, après avis du conseil d'administration.

En cas de réclamation, l'autorisation d'accepter est donnée par décret en Conseil d'État.

ART. 30. Aucune dépense faite pour le compte de l'école ne peut être acquittée que sur un mandat de payement délivré par le directeur, ordonnateur des dépenses.

ART. 31. Les mandats de payement mentionnent l'exercice, la quotité de la dépense, le chapitre et l'article auxquels elle se rattache; les pièces justificatives prescrites par les règlements prévus à l'article 61 y sont jointes.

ART. 32. Les dépenses pour les besoins journaliers de l'école qui sont payées au comptant sont effectuées après approbation donnée par l'ordonnateur des dépenses. En fin de mois, ou lorsqu'elles atteignent 300 francs, elles font l'objet d'un mandat de régularisation collectif quittancé pour ordre par l'économe.

ART. 33. La valeur des produits et objets consommés en nature, portée en recette aux termes de l'article 16, est aussi portée en dépense et mandatée comme les dépenses visées à l'article précédent.

ART. 34. Les dépenses ne peuvent être faites que dans les limites des crédits spéciaux inscrits à chaque chapitre et à chaque article.

ART. 35. En cas d'insuffisance de crédits, le recteur, sur l'avis du conseil d'administration, adresse au Ministre une demande spéciale de virement de crédit ou d'imputation de dépense sur l'excédent des recettes ordinaires. La décision prise par le Ministre est notifiée, d'une part, au recteur, qui en transmet une copie certifiée au directeur, et, d'autre part, au préfet.

SECTION II.

DE LA TENUE DES ÉCRITURES, DE LA RESPONSABILITÉ DE L'ÉCONOME, DU CONTRÔLE ET DE LA SURVEILLANCE.

ART. 36. La comptabilité des écoles normales est établie par gestions et divisée par exercices.

Art. 37. Pour la comptabilité en deniers, l'économe est tenu d'avoir :

1° Un registre à souche sur lequel il inscrit, à leur date et sans lacune, toutes les sommes versées à sa caisse pour le compte de l'école à quelque titre que ce soit ;

2° Un livre journal de caisse et de portefeuille sur lequel il inscrit, chaque jour et à leur date, toutes les sommes qu'il a reçues et toutes celles qu'il a payées pour le compte de l'école ;

3° Un sommier dans lequel il classe par exercice toutes les recettes et toutes les dépenses.

Art. 38. Pour la comptabilité des matières, l'économe tient un livre de magasin, le livre d'inventaire du mobilier appartenant au département, le livre d'inventaire du mobilier appartenant à l'école.
Il tient également le registre matricule de l'école.

Art. 39. Le livre du magasin comprend tous les approvisionnements de l'école. Les denrées achetées pour le compte de l'établissement y sont inscrites avec la date de leur entrée dans le magasin, l'indication de la quantité et de la valeur. Au fur et à mesure qu'elles sont livrées à la consommation, l'économe en inscrit la sortie avec la date du jour où il fait la livraison, l'indication de la quantité livrée et de sa valeur.

Le registre est divisé en comptes particuliers selon la nature et la destination des différentes provisions. Un seul compte général comprend les produits du jardin et des propriétés de l'école consommés dans l'établissement.

Pour les consommations journalières du pain et de la viande et pour les achats au comptant, l'économe tient une main courante d'inscription quotidienne, et en porte le relevé sur le livre du magasin tous les quinze jours seulement, en indiquant avec exactitude les entrées et les sorties.

A la fin de chaque trimestre, il fait la balance des entrées et des sorties pour chaque compte du registre, et dresse un inventaire de tous les approvisionnements qui existent dans le magasin.

Le détail des approvisionnements en magasin au 31 décembre, tel qu'il résulte de l'inventaire dressé en fin d'année, est porté en tête de chacun des comptes particuliers du livre du magasin pour l'année suivante.

Art. 40. Le livre d'inventaire du mobilier appartenant au département présente, avec un numéro d'ordre général et chacuno à sa date, toutes les acquisitions faites pour le mobilier, le matériel d'enseignement, la bibliothèque, le cabinet de physique, les ustensiles de ménage, etc.

Les objets hors d'usage, réformés avec l'autorisation du conseil général, sont maintenus sur le livre d'inventaire ; mais la décision qui en autorise la réforme est mentionnée, en regard, dans la colonne d'observations.

ART. 41. Le livre d'inventaire du mobilier appartenant à l'école **est** rédigé dans la même forme. Les objets hors d'usage sont réformés avec l'autorisation du recteur et maintenus sur le livre d'inventaire comme il est dit à l'article précédent.

ART. 42. Dans le mois qui suivra la promulgation du présent décret, une commission composée du préfet ou de son délégué, des deux conseillers généraux membres du conseil d'administration, de l'inspecteur d'académie et d'un autre membre du conseil d'administration désigné par le recteur, procédera, avec l'assistance du directeur et de l'économe, au récolement du mobilier et du matériel. Elle fera deux inventaires spéciaux, l'un pour les objets appartenant au département, l'autre pour ceux qui appartiennent à l'école.

Il sera dressé procès-verbal des opérations effectuées par la commission. Une expédition de ce procès-verbal sera soumise au conseil général et au conseil d'administration de l'école. Acte de cette communication sera donné par ces deux assemblées pour valoir titre entre les parties intéressées.

ART. 43. Le registre matricule de l'école est destiné à constater l'entrée et la sortie des élèves-maîtres et les fonctions auxquelles ils ont été appelés en sortant de l'école normale.

ART. 44. Tous les registres sont cotés et parafés par l'inspecteur d'académie. Il ne peut y avoir aucune interversion dans la série des numéros ni dans les dates. Toute rature ou surcharge est approuvée par l'ordonnateur des dépenses.

Le conseil d'administration et le directeur vérifient ces divers registres toutes les fois qu'ils le jugent convenable et y consignent le résultat de leur vérification.

La même vérification est faite par l'inspecteur d'académie, le recteur et les inspecteurs généraux en tournée.

ART. 45. Le directeur, ordonnateur des dépenses, vérifie la caisse de l'école au moins une fois par mois. Il arrête les écritures et inscrit le résultat de sa vérification sur le journal de caisse. S'il constate quelque irrégularité, il doit en aviser immédiatement l'inspecteur d'académie par un rapport spécial.

ART. 46. L'inspecteur d'académie, ou, en cas d'absence ou d'empêchement, son délégué, procède une fois par an au moins, de concert avec un délégué du préfet et en présence du directeur, ordonnateur des dépenses, et de l'économe, à la vérification de la caisse et de la comptabilité.

Ils constatent d'abord l'état de la caisse, puis se font représenter le livre à souche, le journal de caisse et le sommier, et, après s'être assurés de l'exactitude des sommes, des dates et des numéros d'ordre qui y ont été consignés, ils en arrêtent les totaux et indiquent le résultat de leur vérification.

Ils procèdent ensuite à la vérification de l'inventaire des approvisionnements en magasin dressé par l'économe, visé et approuvé par l'ordonnateur des dépenses, et le comparent avec la balance des entrées et des sorties, établie sur le livre du magasin. Ils comparent les quantités portées à l'inventaire avec les approvisionnements existants. Le résultat de cette vérification est constaté par la signature qu'ils apposent au bas de l'inventaire dressé par l'économe.

Immédiatement après, ils dressent un procès-verbal de la vérification à laquelle ils ont procédé. Ce procès-verbal est établi en double expédition, dont une reste déposée à l'école.

Art. 47. A la suite de la vérification de la caisse et du magasin, le directeur adresse à l'inspecteur d'académie, pour être transmise au Ministre, l'une des deux expéditions du procès-verbal ci-dessus mentionné et un bordereau récapitulatif des recettes et des dépenses.

Ce bordereau est visé par l'ordonnateur des dépenses. Il fait ressortir le solde en caisse, dont l'économe demeure comptable. L'économe joint à ce bordereau l'état des créances et l'état des dettes de l'école.

Art. 48. L'économe est tenu de verser au Trésor, à titre de placement de fonds sans intérêts, toutes les sommes qui sont reconnues par le directeur excéder les besoins courants de l'établissement.

Ce versement est fait par sommes rondes de 500 francs et donne lieu à la délivrance par le receveur des finances d'autant de récépissés de 500 francs qu'en comporte la totalité du versement. Ces récépissés figurent dans l'encaisse de l'économe.

Au fur et à mesure des besoins de l'école, les dépôts de fonds sont retirés sur la représentation des récépissés, au dos desquels le directeur établit et signe un ordre de retrait de fonds. Cet encaissement ne donne pas lieu à la délivrance d'une quittance à souche; l'économe se borne à quittancer pour ordre les récépissés rendus au Trésor.

Art. 49. En cas de changement de l'économe, l'inspecteur d'académie arrête, en présence du directeur et conjointement avec l'ancien économe ou son représentant et le nouvel économe, tous les registres de comptabilité, et constate par un procès-verbal l'état des écritures.

Ce procès-verbal indique le montant des valeurs trouvées en caisse, celui des créances et des dettes, la valeur et la quantité des approvisionnements existant en magasin. Le nouvel économe prend ces objets en charge et en devient responsable.

Il est procédé de la même manière pour la constatation et la prise en charge du mobilier de l'établissement.

Une copie des procès-verbaux dressés à cette occasion, certifiée par l'inspecteur d'académie, est envoyée au recteur pour être transmise au Ministre.

Art. 50. En cas de maladie, de congé ou d'absence dûment justifiée, l'économe de l'école normale primaire peut, à titre exceptionnel, être remplacé par un fondé de pouvoir à son choix, dûment agréé par le recteur. Ce fondé de pouvoir agit pour le compte et sous l'entière responsabilité de l'économe.

Dans le cas de décès, de démission ou de révocation de l'économe, ou lorsqu'il aura été dans l'impossibilité absolue de désigner son remplaçant, le recteur nomme un gérant intérimaire qui en remplit les fonctions jusqu'au jour de l'installation de son successeur. Avis de cette nomination est donné au trésorier-payeur général. La gestion du gérant intérimaire, qui est tout à fait distincte de celle de l'ancien ou du nouveau titulaire, donne lieu à une remise de service, conformément aux dispositions de l'article précédent.

ART. 51. Tous les ans, à la clôture de l'exercice ou à chaque changement d'économe, il est procédé, en présence d'un délégué du préfet, d'un membre du conseil d'administration désigné par le recteur, du directeur de l'école et de l'économe, au récolement du mobilier et du matériel. Il sera dressé deux procès-verbaux de cette opération, dont l'un pour le mobilier et le matériel du département, l'autre pour le mobilier et le matériel de l'école.

Ces deux procès-verbaux sont établis en triple expédition : l'une est soumise au conseil d'administration de l'école ; les deux autres sont envoyées au préfet pour être transmises par ses soins au conseil général et au Ministre de l'instruction publique.

Le conseil général et le conseil d'administration de l'école devront donner acte de cette communication.

ART. 52. L'économe est soumis à toutes les obligations imposées aux comptables des lycées.

SECTION III.

DES ÉTATS DE SITUATION ET DU COMPTE DE L'EXERCICE.

ART. 53. Tous les ans, dans les dix premiers jours de janvier, l'économe soumet au conseil d'administration, en triple expédition, l'état de situation de la caisse et l'état de situation du magasin pour l'année précédente.

Le président du conseil adresse les trois expéditions de ces deux états au recteur de l'académie avant le 20 janvier, avec un extrait de la délibération qui a été prise à ce sujet.

Avant le 1ᵉʳ février, le recteur en envoie une expédition au Ministre et une autre au préfet, avec ses observations personnelles. La troisième reste déposée dans les archives de l'académie.

ART. 54. L'état de situation de la caisse présente le résumé de toutes les opérations de caisse de l'année qui ont été inscrites au journal de caisse ; il constate les valeurs qui se trouvaient en caisse au 31 décembre de l'année précédente, le montant par chapitre de toutes les sommes reçues et payées pendant le cours de l'année et les valeurs restant en caisse à la fin de l'année.

ART. 55. L'état de situation du magasin présente le résumé du mouvement des approvisionnements de l'année qui ont été inscrits au livre du magasin; il constate la valeur totale des approvisionnements qui se trouvaient en magasin au 31 décembre de l'année précédente, la valeur par chapitre des denrées qui sont entrées dans le magasin et qui en sont sorties pendant le cours de l'année, la valeur totale des approvisionnements restant en magasin à la fin de l'année.

Les produits du jardin et des propriétés consommés en nature forment un article spécial de l'état de situation du magasin.

ART. 56. Tous les ans, le 1ᵉʳ avril, le directeur de l'école normale dresse le compte administratif de l'exercice qui vient de se clore au 31 mars. Ce compte est établi en triple expédition. Il présente le détail des opérations de l'exercice seulement; il indique, par chapitre, les sommes à recouvrer et les sommes à payer, et, dans chaque chapitre, les recouvrements et les payements effectués ainsi que les sommes restant à recouvrer ou à payer en fin d'exercice. Pour l'appréciation des dépenses nettes, il constate l'augmentation ou la diminution des approvisionnements portés aux inventaires, ainsi que des produits en nature réservés pour l'établissement. La situation de l'exercice, en excédent ou en déficit, est établie, dans un tableau récapitulatif, par la comparaison de la recette et de la dépense.

Deux tableaux complémentaires, placés l'un au commencement, l'autre à la fin du compte, offrent le résumé général de la situation financière de l'école au 31 mars de l'année précédente et au 31 mars de l'année courante. Cette situation est établie en actif et en passif.

L'actif se compose: 1° de l'excédent des recouvrements sur les payements du budget; 2° du montant des créances; 3° de la valeur des approvisionnements en magasin.

Le passif se compose du montant des dettes de l'école.

ART. 57. L'ordonnateur des dépenses soumet le compte administratif de l'exercice à l'examen du conseil d'administration, dans les premiers jours d'avril, et l'accompagne d'un rapport détaillé sur les diverses parties du service. Il constate dans ce rapport l'exactitude et la régularité des recettes, et fournit des explications sur les sommes restant à recouvrer et sur les causes du retard dans le recouvrement. Il examine successivement les diverses consommations, les compare avec celles de l'exercice précédent; il en explique les différences et indique les améliorations introduites ou à introduire.

ART. 58. Le conseil d'administration prend une délibération sur le compte qui lui est soumis par le directeur de l'école. Le résultat de sa délibération est adressé par le président, le 15 avril au plus tard, au recteur de l'Académie avec trois expéditions du compte.

Le directeur n'assiste pas à la séance dans laquelle le compte qu'il a présenté est soumis à l'examen du conseil d'administration.

ART. 59. Le recteur transmet, avant le 30 avril, une de ces expéditions au préfet et l'autre au Ministre de l'Instruction publique; il y joint ses observations personnelles. Le préfet soumet le compte au conseil général dans la plus prochaine session et envoie immédiatement au Ministre copie de l'avis exprimé par l'assemblée départementale.

Le compte est approuvé par le Ministre de l'Instruction publique.

Art. 60. Chaque année, à la clôture de l'exercice, l'économe établit le compte des recettes et des dépenses qu'il a faites en numéraire pendant l'année précédente, ainsi que le compte des matières.

Le compte en deniers embrasse : 1° les opérations des douze premiers mois de l'exercice, formant la deuxième partie de la gestion expirée; 2° les opérations complémentaires du même exercice, formant la première partie de la gestion suivante.

Art. 61. Il présente, par colonnes distinctes et dans l'ordre des chapitres et des articles du budget :

En recette :

1° La nature des recettes;

2° Le montant des produits d'après les titres justificatifs;

3° Les remises et non-valeurs;

4° La fixation définitive des sommes à recouvrer;

5° Les sommes recouvrées pendant la première année de l'exercice et pendant les trois premiers mois de la seconde année;

6° Les sommes restant à recouvrer à reporter au budget de l'exercice suivant.

En dépense :

1° Les articles de dépense du budget;

2° Le montant des crédits;

3° Le montant des sommes payées sur ces crédits, soit dans la première année de l'exercice, soit dans les trois premiers mois de la seconde année;

4° Les restes à payer à reporter au budget de l'exercice suivant;

5° Les crédits ou portions de crédit à annuler faute d'emploi dans les délais prescrits.

Les opérations de recette et de dépense qui ne concernent pas directement l'école figurent dans une section séparée du compte, sous le titre de services hors budget.

Le compte est suivi de la situation de l'économe envers l'école au 31 décembre et du résultat final de l'exercice qui est reporté en tête du compte suivant. Il est accompagné du procès-verbal de vérification de caisse au 31 décembre et des pièces justificatives prescrites par des règlements arrêtés de concert entre le Ministre de l'Instruction publique et le Ministre des Finances.

Art. 62. Le compte des matières constate la quantité et la valeur des approvisionnements qui existaient dans les magasins au 31 décembre de l'année antérieure à celle du compte, la quantité et la valeur des approvisionnements qui sont entrés dans les magasins et de ceux qui en ont été retirés pendant l'année, enfin, la quantité et la valeur des objets qui existaient dans les magasins au 31 décembre.

Il est accompagné des pièces justificatives prescrites par les règlements concertés entre le Ministre de l'Instruction publique et le Ministre des Finances.

Art. 63. Les comptes de gestion des économes des écoles normales primaires sont jugés par la Cour des comptes. Ils doivent lui parvenir avant le 1.er octobre de la seconde année de l'exercice.

SECTION IV.
CAUTIONNEMENT DES ÉCONOMES.

Art. 64. Les cautionnements des économes des écoles normales primaires sont fixés à 5 p. o/o de l'ensemble des recettes de l'année qui précède leur installation. En aucun cas le cautionnement ne peut être inférieur à 1,000 francs.

Il ne sera pas tenu compte des recettes qui ne correspondent pas à une fraction de cautionnement de 100 francs.

L'économe qui a cessé d'exercer ses fonctions peut obtenir la restitution des deux premiers tiers de son cautionnement, sur la production d'un certificat délivré par le recteur et constatant que ses comptes sont réguliers et qu'il n'existe aucun débet à sa charge.

Art. 65. Les cautionnements des économes sont versés : à Paris, à la caisse centrale du Trésor, et, dans les départements, aux caisses des receveurs des finances.

Art. 66. Les dispositions du présent règlement sont applicables à l'administration et à la comptabilité intérieures des écoles normales primaires d'institutrices.

Art. 67. Sont et demeurent abrogés les décrets des 29 juillet 1882 et 16 avril 1883 sur la comptabilité des écoles normales primaires, et toutes les dispositions contraires au présent règlement.

Art. 68. Le Ministre de l'Instruction publique et des Beaux-Arts, le Ministre de l'Intérieur et le Ministre des Finances sont chargés, chacun en ce qui le concerne, de l'exécution du présent décret, qui sera inséré au Bulletin des lois et au Journal officiel.

CARNOT.

Par le Président de la République :

Le Ministre de l'Instruction publique et des Beaux-Arts,

LÉON BOURGEOIS.

Le Ministre des Finances,

ROUVIER.

Le Ministre de l'Intérieur,

CONSTANS.

AVIS

DU CONSEIL D'ÉTAT.

———

AVIS [1]

sur la question posée par M. le Ministre de l'Instruction publique et des Beaux-Arts en ce qui concerne les règles applicables au classement hiérarchique du personnel de l'enseignement primaire.

(Interprétation des articles 6, 34 et suivants de la loi du 19 juillet 1889.)

Le Conseil d'État qui, sur le renvoi ordonné par M. le Ministre de l'Instruction publique, a examiné la question de savoir si les commissions de classement organisées par l'article 41 de la loi du 19 juillet 1889 peuvent répartir le personnel de l'enseignement primaire actuellement en exercice dans les classes déterminées par ladite loi, en ne tenant compte que des droits résultant, pour les titulaires, des dispositions transitoires du chapitre V, sans se conformer aux prescriptions générales de l'article 6 en ce qui concerne les effectifs numériques de chacune des classes;

Vu la dépêche ministérielle du 2 décembre 1889;

Vu la loi du 19 juillet 1889, notamment les articles 6, 24, 32, 34, 35, 38, 40, 41 et 42;

Considérant que la loi du 19 juillet 1889 a eu pour but d'organiser les cadres du personnel affecté au service de l'enseignement primaire et de distribuer tous ses membres en un certain nombre de classes, de façon à créer une hiérarchie à laquelle on pût appliquer les règles ordinaires suivies pour l'avancement dans toutes les administrations de l'État;

Qu'à cet effet l'article 6 dispose, d'une façon générale, que les instituteurs et institutrices sont répartis en stagiaires et en titulaires, les stagiaires formant un effectif de 20 p. 100 et les titulaires étant divisés en cinq classes dont les effectifs numériques sont également déterminés par la loi;

Considérant, d'autre part, que d'après l'article 34 compris sous la rubrique du chapitre V, *Dispositions transitoires,* les maîtres et maîtresses en fonctions, le 19 juillet 1889, doivent être placés dans la classe correspondant au traitement garanti dont ils jouissent actuellement pourvu qu'ils remplissent les conditions exigées par les articles 34 et suivants;

Considérant, en droit, qu'aucun des textes qui règlent la situation transitoire n'impose aux commissions chargées d'opérer la répartition du personnel dans les nouvelles classes l'obligation de faire concorder cette répartition avec les effets numériques déterminés par l'article 6;

Qu'en fait le chiffre de l'effectif normal peut ne pas être atteint par les ayants droit, et que, dans l'hypothèse inverse, c'est-à-dire si l'application de l'article 34 fait ressortir un nombre de maîtres supérieur aux chiffres prévus par l'article 6, on ne saurait priver aucun des instituteurs en exercice du bénéfice des dispositions transitoires qui leur assurent le droit de faire partie de la classe correspondant à leur traitement;

Considérant que, sans porter atteinte aux situations de fait ainsi précisées, il y aurait intérêt, au moment de la première application du régime nouveau, à rappeler les règles posées par le législateur en ce qui concerne la détermination des effectifs; qu'à cet effet il appartiendrait au Ministre de l'Instruction publique de donner des instructions aux commissions de classement, qui seraient invitées à établir deux cadres distincts toutes les fois que l'effectif normal se trouverait dépassé, l'un de ces cadres permanent et conforme aux prescriptions de l'article 6, l'autre afférent à l'excédent transitoire et destiné à disparaître graduellement jusqu'à ce qu'on ait ramené les effectifs aux chiffres fixés par la loi,

EST D'AVIS :

Que les commissions de classement doivent ranger tous les instituteurs en exercice, quel que soit le chiffre des ayants droit, dans les classes correspondant à leur traitement garanti, sous réserve des mesures à prescrire par le Ministre de l'Instruction publique pour distinguer dans les tableaux l'effectif permanent de l'excédent transitoire.

Cet avis a été délibéré et adopté par le Conseil d'État dans sa séance du 19 décembre 1889.

Le Maître des Requêtes, Rapporteur,   *Le Vice-Président du Conseil d'État,*
    Signé : H. DE VILLENEUVE.   Signé : ED. LAFERRIÈRE.

Le Maître des Requêtes,
Secrétaire général du Conseil d'État,
    Signé : ABEL FLOURENS.

AVIS [1]

sur la question de savoir si l'on doit considérer comme faisant partie du traitement garanti aux instituteurs publics et incombant à l'État, au sens des articles 32 et 34 de la loi du 19 juillet 1889 : 1° l'allocation de 50 ou de 100 francs pour inscription sur la liste de mérite ; 2° l'éventuel calculé, dans les écoles élémentaires, d'après l'article 6 de la loi du 16 juin 1881, et, dans les écoles primaires supérieures, d'après le décret du 29 octobre 1881 (art. 5 et 6).

Le Conseil d'État qui, sur le renvoi ordonné par le Ministre de l'Instruction publique, a examiné la question de savoir si l'on doit considérer comme faisant partie du traitement garanti aux instituteurs publics et incombant à l'État, dans le sens des articles 32 et 34 de la loi du 19 juillet 1889 :

1° L'allocation de 50 ou de 100 francs pour inscription sur la liste de mérite ;

2° L'éventuel, calculé, dans les écoles élémentaires, d'après la loi du 16 juin 1881 (art. 6), et, dans les écoles primaires supérieures, d'après le décret du 29 octobre 1881 (art. 5 et 6).

Considérant que si l'article 6 de la loi du 16 juin 1881 dispose que le traitement des instituteurs et institutrices actuellement en exercice ne pourra, dans aucun cas, devenir inférieur au plus élevé des traitements dont ils auront joui pendant les trois années qui auront précédé l'application de la loi, et consolide ainsi, à titre de traitement garanti, tous les émoluments touchés par les instituteurs avant le 16 juin 1881, aucun texte ne permet d'étendre au calcul des traitements postérieurs à ladite loi le bénéfice de dispositions analogues ;

Que, pour l'évaluation du traitement prévu par les articles 32 et 34 de la loi du 19 juillet 1889, il n'y a lieu de faire entrer en ligne de compte que les éléments ayant le caractère d'appointements fixes et permanents ; que ce caractère ne saurait être reconnu ni à l'allocation pour inscription sur la liste de mérite qui, d'après l'article 3 de

---

[1] N° 730 du Conseil d'État.

la loi du 19 juillet 1875, est accordée pour l'année seulement, ni à l'éventuel, qui est un élément essentiellement variable du traitement,

 EST D'AVIS :

Que, dans le calcul du traitement garanti par les articles 32 et 34 de la loi du 19 juillet 1889, on ne doit faire entrer en ligne de compte ni l'allocation pour inscription sur la liste de mérite, ni l'éventuel touchés par les instituteurs postérieurement à la loi du 16 juin 1881.

Cet avis a été délibéré et adopté par le Conseil d'État dans sa séance du 23 janvier 1890.

Le Maître des Requêtes, Rapporteur,   *Le Vice-Président du Conseil d'État,*
Signé : H. DE VILLENEUVE.   Signé : ED. LAFERRIÈRE.

Le Maître des Requêtes,
Secrétaire général du Conseil d'État,
Signé : ABEL FLOURENS.

AVIS [1]

*sur la question de savoir quelle est la situation qu'il convient de faire,
sous le régime de la loi du 19 juillet 1889, aux instituteurs et institutrices congréganistes actuellement en exercice dans les écoles primaires publiques.*

Le Conseil d'État qui, sur le renvoi ordonné par le Ministre de
l'Instruction publique et des Beaux-Arts, a examiné diverses questions relatives à la situation qu'il convient de faire, sous le régime de
la loi du 19 juillet 1889, aux instituteurs et institutrices congréganistes actuellement en exercice dans les écoles primaires publiques,

Vu la loi du 19 juillet 1889;

Vu la loi du 30 octobre 1886;

*1° En ce qui concerne la question de savoir si les postes actuellement
occupés par des congréganistes doivent être compris dans l'effectif total
du personnel enseignant, et s'il y a lieu, par suite, de ranger lesdits congréganistes dans les classes correspondant à leur traitement, d'après les
règles générales posées par la loi du 19 juillet 1889:*

Considérant qu'en vertu de l'article 34 de cette loi, les instituteurs
et institutrices doivent être rangés dans la classe correspondant à
leur traitement; que l'avis du Conseil d'État du 19 décembre dernier
a reconnu qu'on ne saurait priver aucun des instituteurs en exercice
du droit que leur confère la loi; que cette règle ne souffre aucune
exception et doit s'appliquer au personnel actuel, sans distinguer
entre les laïques et les congréganistes;

Qu'il suit de là que les instituteurs et institutrices congréganistes
provisoirement maintenus, par l'article 18 de la loi du 30 octobre
1886, dans les cadres de l'enseignement primaire public doivent
être comptés dans le calcul de l'effectif afférent à chaque département
et être rangés dans la classe correspondant au traitement dont ils
sont actuellement en possession.

*2° En ce qui concerne la question de savoir si les instituteurs et insti-
tutrices congréganistes stagiaires peuvent être titularisés, quand ils remplissent les conditions de capacité et d'ancienneté de services exigées par
la loi:*

Considérant que, si l'article 18 de la loi du 30 octobre 1886 porte
qu'aucune nomination nouvelle, soit d'instituteur, soit d'institutrice
congréganiste, ne sera faite dans les départements où fonctionnera
depuis quatre ans une école normale, cette disposition, qui a pour
but d'éviter dorénavant l'introduction dans les cadres de l'enseignement public d'éléments nouveaux appartenant à un personnel destiné

---

[1] N° 729 du Conseil d'État.

à disparaître, ne saurait faire obstacle à ce que les congréganistes admis comme stagiaires dans la hiérarchie des instituteurs publics soient titularisés quand ils remplissent les conditions légales;

Que telle a été l'interprétation constante donnée à l'article 18 depuis la loi du 30 octobre 1886 jusqu'à celle du 19 juillet 1889, et qu'aucune prescription de cette dernière loi ne saurait être invoquée pour justifier un changement de jurisprudence.

3° En ce qui touche la question de savoir si les instituteurs et institutrices congréganistes, auxquels il ne manque que l'ancienneté de services pour être rangés dans une classe, pourront y être promus quand' ils atteindront l'ancienneté requise pour la promotion :

Considérant que l'article 51 de la loi du 19 juillet 1889 dispose que, jusqu'à complète application de la loi du 30 octobre 1886, les instituteurs et institutrices congréganistes actuellement en exercice dans les écoles primaires publiques continueront à recevoir les traitements dont ils seront en possession au moment de la promulgation de la loi;

Que cette disposition fait obstacle à ce que, sous l'empire de la loi de 1889, les congréganistes puissent réclamer le bénéfice de promotions ou d'avancements qui aboutiraient à un relèvement de traitement; mais qu'en dehors de ce cas, rien ne s'oppose à ce qu'ils soient l'objet d'une promotion à une classe supérieure.

4° En ce qui touche la question de savoir si l'on doit appliquer aux congréganistes l'article 33 de la loi du 19 juillet 1889, qui porte que les instituteurs dont les traitements seraient inférieurs à 1,200 francs, au cas où, pendant cinq années, ils n'auraient pas reçu ou ne recevraient pas d'avancement, bénéficieront, à l'expiration de la cinquième année, d'une augmentation de 100 francs jusqu'à ce qu'ils aient atteint ce traitement de 1,200 francs :

Considérant que, d'après l'article 51 de la loi du 19 juillet 1889, les congréganistes n'ont droit qu'au traitement dont ils étaient en possession, c'est-à-dire celui dont ils jouissaient effectivement à la date de la promulgation de ladite loi;

Qu'ils ne sauraient dès lors invoquer le bénéfice des dispositions de l'article 33 pour réclamer une augmentation de traitement.

5° En ce qui concerne la question de savoir si l'indemnité de résidence est due aux instituteurs et institutrices congréganistes :

Considérant que les dispositions de l'article 12 de la loi du 19 juillet 1889 qui ont établi l'indemnité de résidence à la charge des communes sont générales et ne distinguent pas entre les postes occupés par des congréganistes et ceux qui sont occupés par des laïques;

Mais considérant qu'on ne saurait, sans violer les dispositions de l'article 51, accorder aux instituteurs congréganistes une allocation nouvelle qui viendrait augmenter leur traitement;

Qu'il suit de là que l'indemnité de résidence payée par la commune à l'instituteur congréganiste devra entrer intégralement dans la composition du traitement qui lui est assuré par cet article 51 et venir en déduction des charges de l'État, comme cela a lieu d'ailleurs pour le payement du traitement garanti aux instituteurs laïques en vertu des dispositions formelles de l'article 32,

EST D'AVIS :

1° Que les instituteurs et institutrices congréganistes doivent compter dans le calcul des effectifs prévus par l'article 6 de la loi du 19 juillet 1889 et être rangés dans les classes correspondant à leur traitement;

2° Que les congréganistes peuvent être titularisés quand ils remplissent les conditions légales;

3° Que les congréganistes peuvent être promus à une classe supérieure, dans le cas où l'élévation de classe n'entraîne pas pour eux un traitement plus élevé;

4° Que l'article 33 ne s'applique pas aux instituteurs congréganistes;

5° Que l'indemnité de résidence est due par les communes pour tous les postes occupés par des instituteurs publics, qu'ils soient laïques ou congréganistes; que cette indemnité doit entrer intégralement dans la composition du traitement maintenu aux congréganistes par l'article 51.

Cet avis a été délibéré et adopté par le Conseil d'État dans ses séances des 23 et 30 janvier 1890.

Le Maître des requêtes, rapporteur,   *Le Vice-Président du Conseil d'État,*

Signé : H. DE VILLENEUVE.   Signé : ED. LAFERRIÈRE.

Le Maître des Requêtes,
Secrétaire général du Conseil d'État,

Signé : ADEL FLOURENS.

AVIS

*du Conseil d'État relatif aux indemnités départementales
allouées aux inspecteurs primaires.*

La Section des finances, des postes et télégraphes, de la guerre, de la marine et des colonies du Conseil d'État, sur le renvoi qui lui a été fait par les Ministres des Finances et de l'Instruction publique de la question de savoir si l'indemnité départementale allouée aux inspecteurs primaires doit être soumise à retenue,

Vu les articles 3 et 4 de la loi du 9 juin 1853;

Vu l'article 21 du décret du 9 novembre 1853;

Vu l'article 24 de la loi du 19 juillet 1889,

Considérant que la loi du 19 juillet 1889 a mis à la charge de l'État tous les traitements du personnel de l'administration et de l'inspection primaire; qu'elle n'a voulu imposer aux communes et aux départements, tenus de faire face à toutes les dépenses de matériel pour l'enseignement primaire, que l'obligation d'allouer des indemnités qui, en principe, ne sont pas passibles des retenues établies par la loi du 9 juin 1853 sur les pensions civiles;

Que notamment, l'indemnité prévue par la loi susvisée de 1889 représente le remboursement des frais de bureau et des dépenses diverses que doivent supporter les inspecteurs primaires à raison de l'exercice de leurs fonctions, qu'à ce titre, sans même qu'il soit nécessaire d'invoquer des dispositions spéciales contenues dans la loi du 19 juillet 1889, cette indemnité rentre dans les cas prévus par l'article 21 du règlement d'administration publique du 9 novembre 1853 et ne doit pas, par suite, être soumise à retenue,

Est d'avis

De répondre dans le sens des observations qui précèdent à la question posée par les Ministres de l'Instruction publique et des Finances.

Signé : Ch. VERGÉ, *rapporteur;*
BLONDEAU, *président;*
WOLSKI, *secrétaire.*

AVIS DU COMITÉ CONSULTATIF

relatifs à l'application de la loi du 19 juillet 1889.

On trouvera ci-après, à titre de renseignements complémentaires, les avis émis par le Comité consultatif institué au Ministère de l'instruction publique par arrêté du 5 novembre 1889 pour l'examen des questions relatives au classement des instituteurs. Ces avis ont été insérés au Bulletin administratif du Ministère de l'instruction publique. (Nᵒˢ 874, 882, 883, 884, 885 et 886).

BULLETIN Nᵒ 874.

I

Les congés réguliers accordés aux adjoints et adjointes peuvent entrer en ligne de compte pour le calcul des cinq années de services exigées pour la dispense du certificat d'aptitude pédagogique et la titularisation, sous la réserve, toutefois, que leur durée totale n'excède pas une année.

II

Les années passées à l'école normale, à partir de 18 ans pour les élèves-maîtres et de 17 ans pour les élèves-maîtresses, peuvent entrer dans le calcul des cinq années de services exigées par l'article 34 de la loi précitée.

BULLETIN Nᵒ 882.

I

ART. 6 et 34. Le seul classement auquel les commissions départementales aient à procéder est celui qui doit être exécuté conformément aux dispositions de l'article 34 de la loi.

Le classement définitif et complet prévu par l'article 6 sera effectué au fur et à mesure que les ressources budgétaires le permettront.

II

ART. 34. Le classement d'*attente* ne doit comprendre que les instituteurs et les institutrices laïques, tant titulaires que stagiaires, exerçant dans les écoles maternelles et dans les écoles primaires créées conformément aux articles 13 et 15 de la loi du 30 octobre 1886.

En sont exclus:

1° Les instituteurs et institutrices congréganistes de tout ordre (art. 51);

2° Les instituteurs et institutrices exerçant les fonctions de suppléants départementaux (art. 48, § 6);

3° Les institutrices placées à la tête des écoles dites *écoles non classées* ou facultatives.

III

ART. 34. Il convient de comprendre dans le classement les insti-

12

tuteurs et institutrices en congé temporaire. Ils seront classés d'après le traitement auquel leur dernière nomination leur donne droit.

IV

ART. 34. Les « déductions » prévues par le premier paragraphe de l'article 34 ne doivent être opérées qu'à l'égard des instituteurs et institutrices visés par l'article 32, c'est-à-dire de ceux de ces fonctionnaires en possession d'un traitement assez élevé pour qu'en les supposant placés sous le régime de la nouvelle loi entièrement appliquée et en leur attribuant , dans cette hypothèse, toutes les allocations auxquelles cette loi leur donnerait droit, le total de ces allocations soit inférieur au montant de leur traitement actuel.

V

ART. 51. Dans les localités visées par l'article 12 où les écoles publiques sont tenues par des instituteurs ou des institutrices congréganistes, l'indemnité de résidence est due par la commune, et cette indemnité doit entrer intégralement dans la composition du traitement garanti.

VI

ART. 32. Les traitements (traitement fixe, traitement éventuel, allocation attachée au brevet supérieur et suppléments de traitement consolidés en vertu de la loi du 16 juin 1881) régulièrement soumis à retenue, dont les directeurs et adjoints des écoles primaires supérieures et les directeurs des cours supplémentaires jouissaient lors de la publication de la loi, sont garantis par l'article 32 de la loi nouvelle.

Le traitement éventuel sera calculé d'après la moyenne des trois exercices 1886, 1887 et 1888.

VII

ART. 41. Dans le classement des instituteurs adjoints et des institutrices adjointes des écoles primaires supérieures, il sera tenu compte du temps de service que ces fonctionnaires ont passé dans les écoles primaires élémentaires.

VIII

ART. 32. L'éventuel doit être considéré comme faisant partie du traitement garanti aux instituteurs et institutrices des écoles primaires élémentaires, maternelles et supérieures.

IX

ART. 14 et 15. Le personnel des écoles placées sous le régime de la loi du 11 décembre 1880 (directeurs et instituteurs adjoints) a droit aux mêmes traitements que le personnel de même ordre des écoles primaires supérieures. (Loi du 30 octobre 1886, art. 28).

X

Art. 7. C'est à la date de la promulgation de la loi (19 juillet 1889) qu'il convient de se placer pour évaluer le traitement fixe qui doit servir de base au classement de l'instituteur.

Le traitement éventuel pour les écoles de toute nature doit être calculé d'après la moyenne des trois exercices 1886, 1887 et 1888.

XI

Art. 32. L'allocation de 100 francs attachée à la possession du brevet supérieur ne doit être considérée comme faisant partie du traitement garanti aux directeurs, directrices, instituteurs adjoints, institutrices adjointes des écoles primaires supérieures, maîtres et maîtresses chargés de cours complémentaires, que si ces fonctionnaires ont été nommés avant la promulgation de la loi du 30 octobre 1886.

BULLETIN N° 883.

XII

Art. 34, § 3, et art. 42. Dans le calcul des années de services pour le classement, on fera entrer en ligne de compte le temps de service accompli par l'instituteur en qualité :

1° De commis d'académie ou de commis d'inspection ;

2° De professeur élémentaire, de maître primaire, de maître répétiteur et de maître d'études dans un lycée ou un collège;

3° De maître délégué dans une école normale ou de directeur d'école annexe;

4° D'élève-maître dans une école normale, à partir de dix-huit ans pour les instituteurs, de dix-sept ans pour les institutrices ;

5° De suppléant départemental.

XIII

Art. 34, § 3, et art. 42. Doit être compté, pour le classement, le temps de service accompli :

1° Dans les écoles de filles établies dans les communes ne comprenant pas 401 habitants;

2° Dans les écoles maternelles établies dans les communes de moins de 2,000 âmes ou n'ayant pas 1,200 habitants agglomérés;

3° Dans les écoles annexées aux établissements hospitaliers ou pénitentiaires relevant du Ministère de l'Intérieur;

4° Dans les écoles dépendant du Ministère de la Guerre ou de la

Marine (écoles annexées aux établissements militaires et maritimes, écoles spéciales, écoles des colonies).

XIV

Art. 34, § 3, et art. 42. Ne doit pas entrer en compte pour le classement le temps de service accompli par un instituteur dans des fonctions étrangères à l'enseignement, sauf les cas spécifiés à l'avis n° XII.

XV

Art. 34, § 3, et art. 42. Pour les fonctionnaires entrés dans le service antérieurement à la loi du 30 octobre 1886, le temps de service doit être compté du jour où le fonctionnaire, âgé d'au moins dix-huit ans, a débuté comme adjoint ou adjointe en vertu d'une nomination ou d'un agrément du préfet. (Loi du 15 mars 1850, art. 34.)

XVI

Art. 34, § 3, et art. 42. La durée des services dont il convient de tenir compte pour le classement doit être supputée à la date du 19 juillet 1889.

XVII

Art. 34. Une directrice d'école maternelle devenue adjointe d'école primaire ou chargée d'une classe enfantine ne peut être classée que comme titulaire.

XVIII

Art. 34, § 4. Lorsqu'un adjoint titularisé en vertu du dernier paragraphe de l'article 34 de la loi a plus de cinq années de services, on doit compter comme années de titulariat toutes les années de services que la loi n'a pas prescrit de défalquer.

XIX

Art. 41, § 2 et 3. Les seuls fonctionnaires des écoles primaires supérieures qu'aient à classer les commissions départementales sont les instituteurs adjoints et les institutrices adjointes qui, ne possédant pas le certificat d'aptitude au professorat, ont été nommés par le préfet, conformément à l'article 28, § 2, de la loi du 30 octobre 1886.

XX

Art. 43. La commission centrale instituée par l'article 43 de la loi effectuera un classement spécial :

1° Des maîtres et maîtresses délégués dans les écoles normales, qu'ils exercent à l'école normale même ou à l'école annexe;

2° Des instituteurs et institutrices chargés de la direction des écoles primaires supérieures par l'effet, soit d'une nomination préfectorale, soit d'une délégation du préfet ou du Ministre.

La même commission attribuera provisoirement à tous ces fonctionnaires la classe au bénéfice de laquelle ils ont droit, s'ils rentrent dans le personnel attaché aux écoles primaires élémentaires.

Les instituteurs et institutrices chargés de la direction des écoles primaires supérieures seront ultérieurement classés comme directeurs et directrices si, avant l'expiration du délai qui leur est accordé par l'article 192 du décret du 18 janvier 1887, ils ont obtenu une nomination ministérielle, soit en vertu de la loi du 30 octobre 1886 (art. 28, § 1), soit conformément aux dispositions du règlement du 17 mars 1888 (art. 10 et 11) et de la circulaire du 30 juin suivant.

BULLETIN N° 884.

XXI

Doit être considérée comme faisant partie du traitement garanti aux instituteurs et aux institutrices des écoles primaires élémentaires et maternelles l'allocation de 100 ou de 50 francs pour inscription dans le premier ou le second huitième de la liste de mérite; mais ceux-là seuls ont droit à la consolidation de ce supplément de traitement qui étaient inscrits sur la dernière liste de mérite établie lors de la promulgation de la loi, c'est-à-dire sur la liste de 1888.

XXII

Il ne faut tenir compte, pour l'attribution du supplément de direction prévu par l'article 8 de la loi, que des emplois qui ont été régulièrement créés, après avis du conseil municipal, par décision du conseil départemental approuvée par le Ministre.

XXIII

Quand une école ne comprend que deux classes ou que quatre classes et qu'il y est, en outre, annexé un cours complémentaire, le directeur même, s'il est personnellement chargé du cours complémentaire, n'a droit qu'à l'un des deux suppléments de traitement prévus par les articles 8 et 9 de la loi. Ce supplément est de 200 fr. dans le premier cas, de 400 francs dans le second.

XXIV

Les anciennes maîtresses et anciens maîtres adjoints ou délégués des écoles normales, les anciennes directrices et anciens directeurs d'école annexe qui font aujourd'hui partie du personnel des écoles primaires peuvent, mais seulement par décision spéciale du Ministre, conserver dans leurs nouvelles fonctions le traitement dont ils ont joui pendant qu'ils enseignaient à l'école normale.

XXV

Est applicable aux instituteurs qui dirigent à la fois une école primaire élémentaire et une école primaire supérieure, mais sans être pourvus du certificat d'aptitude au professorat, la décision consignée à l'avis n° XX.

BULLETIN N° 885.

XXVI

Le traitement éventuel pour les écoles de toute nature doit être calculé d'après la moyenne des trois exercices 1886, 1887 et 1888.

Cette disposition ne s'applique qu'aux instituteurs et aux institutrices ayant occupé le même emploi du 1ᵉʳ janvier 1886 au 31 décembre 1889.

Dans tous les autres cas, l'instituteur et l'institutrice n'auront droit qu'à l'éventuel afférent en 1888 à l'emploi qu'ils occupaient au 31 décembre 1889.

Le produit de l'éventuel ne fait pas partie des émoluments appréciables pour le classement.

L'éventuel est un supplément de traitement conditionnel, c'est-à-dire corrélatif à un surcroît de travail; il cesse d'être dû lorsque le maître est déchargé de ce surcroît de travail.

L'éventuel ne saurait donc être garanti au maître qui ne remplit plus la condition à laquelle est subordonné le maintien du supplément de traitement, soit qu'il ait changé de résidence, soit que sa classe ait été dédoublée.

BULLETIN N° 886.

XXVII

Aucune titularisation de stagiaires remplissant les conditions prévues à l'article 23 de la loi du 30 octobre 1886 ne pourra être faite qu'autant que les proportions fixées par l'article 6 de la loi du 19 juillet 1889 ne seront pas dépassées.

IIᴱ PARTIE.

TEXTE DES PROJETS
À L'ÉTUDE
OU EN COURS DE DÉLIBÉRATION.

PROJET DE DÉCRET

portant règlement d'administration publique sur diverses questions relatives au personnel des écoles primaires publiques, savoir : 1° les directeurs déchargés de classe; 2° les allocations aux maîtresses de couture; 3° les instituteurs suppléants départementaux; 4° les indemnités représentatives de logement.

(Art. 48, § 5, 6, 14 et 15.)

EXPOSÉ DES MOTIFS.

SECTION I.

DIRECTEURS ET DIRECTRICES DÉCHARGÉS DE CLASSE.

L'usage de décharger de classe les directeurs d'écoles ayant un effectif considérable remonte aux premières années de l'organisation de l'enseignement primaire à la suite de la loi de 1833; cet usage s'est surtout perpétué dans les très grandes villes, grâce à la générosité de leurs conseils municipaux.

Art. 1er. Le texte de la loi ni les débats parlementaires ne fournissant aucune indication de nature à déterminer le sens ou la portée des « conditions » que le législateur pouvait avoir en vue, l'Administration ne voit d'autre élément de détermination à ajouter au nombre de classes de l'école que le nombre total des élèves; cette addition aurait pour effet d'empêcher la réduction de l'effectif de certaines classes à un chiffre trop faible et par conséquent une augmentation de dépenses pour l'État peu ou point justifiée. Il est à remarquer toutefois que ce chiffre de 300 élèves est fort élevé, car il suppose un effectif moyen de 50 élèves par classe, qui sera rarement atteint.

Art. 2-4. Ces articles règlent la procédure. Le Conseil supérieur a admis que, dans ce cas particulier, on suivrait la procédure ordinaire des créations d'emploi. Il faut donc la triple décision du conseil municipal, du conseil départemental et du Ministre, dans les mêmes formes et les mêmes conditions que celles prescrites par la loi organique du 30 octobre 1886 (art. 13) et par les articles 1 à 6 du décret rendu en Conseil d'État, le 7 avril 1887.

Art. 5. Dans les communes de plus de 100,000 âmes où la dépense incombe au budget municipal, il a paru convenable tout à la fois d'exiger l'avis *conforme* du conseil municipal et d'autoriser la dis-

13

pense avec un effectif scolaire moindre que 300. Il importe en effet de donner dans ces villes la latitude nécessaire aux autorités locales et de tenir compte de l'état des bâtiments scolaires qui, le plus souvent, ne comportent pas un effectif moyen de 60 élèves par salle de classe, effectif qui serait exigible si l'on maintenait à la fois le chiffre de 300 élèves et le nombre de classes ramené à 5.

A titre de renseignement, on joint ci-dessous l'état des directeurs et directrices actuellement déchargés de classe :

DÉPARTEMENTS.	NOMBRE de DIREC-TEURS sans classe.	de DIREC-TRICES sans classe.	DÉPARTEMENTS.	NOMBRE de DIREC-TEURS sans classe.	de DIREC-TRICES sans classe.
Ain.	1	1	Report.	148	92
Aisne.	2	"	Marne (Haute-).	"	1
Alpes-Maritimes.	5	2	Meuse.	"	1
Ardennes.	5	3	Morbihan.	1	"
Aube.	1	"	Nièvre.	1	"
Aveyron.	7	"	Nord.	43	28
Bouches-du-Rhône.	11	5	Oise.	4	2
Calvados.	2	1	Orne.	1	1
Charente.	3	1	Pas-de-Calais.	15	8
Charente-Inférieure.	7	3	Puy-de-Dôme.	1	1
Cher.	6	3	Pyrénées (Basses-).	3	1
Corse.	4	2	Pyrénées (Hautes-).	1	1
Côte-d'Or.	"	1	Pyrénées-Orientales.	3	"
Côtes-du-Nord.	1	"	Rhône.	11	6
Dordogne.	5	3	Saône (Haute-).	2	2
Doubs.	1	"	Saône-et-Loire.	5	3
Drôme.	5	3	Sarthe.	3	1
Eure.	"	1	Savoie.	1	1
Eure-et-Loir.	2	1	Savoie (Haute-).	1	1
Finistère.	10	2	Seine.	216	219
Gard.	1	3	Seine-et-Marne.	1	"
Garonne (Haute-).	10	5	Seine-et-Oise.	7	3
Gironde.	20	18	Seine-Inférieure.	44	28
Hérault.	4	3	Somme.	7	4
Indre-et-Loire.	7	5	Tarn.	4	1
Isère.	2	2	Tarn-et-Garonne.	1	"
Jura.	3	1	Var.	2	3
Landes.	1	"	Vaucluse.	1	1
Loire.	6	4	Vienne.	2	2
Loire-Inférieure.	4	8	Vosges.	5	3
Loiret.	1	"	Yonne.	"	1
Lot-et-Garonne.	4	2	Alger.	1	1
Manche.	1	1	Constantine.	2	2
Marne.	6	8	Oran.	3	1
A reporter.	148	92	TOTAUX.	540	419

Il est à noter que, sur ce nombre, il y a seulement 9 directeurs et 16 directrices d'écoles n'ayant que 3 classes, 32 directeurs et 31 directrices d'écoles n'ayant que 4 classes. Il y a 83 directeurs et 73 directrices d'écoles n'ayant que 5 classes. Tous les autres, c'est-à-dire 715, dirigent des écoles comptant plus de 5 classes.

SECTION II.

INDEMNITÉ POUR LES MAÎTRESSES DE COUTURE.

D'après les comptes définitifs et les états de liquidation des dépenses de l'enseignement primaire, l'allocation attribuée aux maîtresses d'ouvrages à l'aiguille, dans les écoles mixtes dirigées par des instituteurs — allocation souvent désignée sous le terme impropre de traitement — s'est élevée aux sommes suivantes pour l'ensemble de la France :

1880....................................	783,047^f 10^c
1881....................................	735,797 60
1882....................................	758,627 45
1883....................................	792,531 91
1884....................................	817,400 00
1885....................................	845,863 00
1886....................................	866,192 75
1887....................................	882,053 51
1888....................................	911,597 30

En fait, la très grande majorité de ces maîtresses touche une allocation annuelle variant entre 50 et 100 francs. La moyenne des émoluments est de près de 70 francs. On compte 13,540 maîtresses pour 911,597 francs. Dans 48 départements, la moyenne dépasse 70 francs ; dans 23 elle est de 50 à 70 francs.

Examen des articles.

ART. 6. La loi du 30 octobre 1886, art. 6, — reprenant une disposition de la loi du 10 avril 1867, art. 1er, — a autorisé la nomination d'une maîtresse des travaux à l'aiguille dans les écoles mixtes dirigées à titre provisoire par un instituteur. Ces maîtresses ne faisant pas partie du personnel enseignant proprement dit, il ne saurait être question de leur allouer un *traitement*. L'indemnité qu'elles reçoivent n'est pas par suite soumise aux retenues pour pension civile.

Le Gouvernement propose de rappeler par un second paragraphe le principe posé par l'article 6 de la loi du 30 octobre 1886, aux termes duquel toutes les écoles mixtes doivent, dans un avenir plus ou moins rapproché, être confiées à des institutrices. Dès lors la dépense résultant de l'indemnité due aux maîtresses de couture est destinée à diminuer d'année en année et à s'éteindre quand l'article 6 aura reçu son application intégrale. Pour qu'il en soit ainsi, il faut qu'il soit bien entendu que, si les communes se refusaient, au fur et à mesure des vacances, au remplacement de l'instituteur (secrétaire de mairie) par une institutrice, c'est à elles seules qu'incomberait la dépense de l'allocation due à la maîtresse de couture.

ART. 7. Le taux maximum de 80 francs par an est justifié par la moyenne que nous avons présentée ci-dessus. C'est seulement par exception, lorsque le travail imposé à la maîtresse dépasserait le nombre d'heures ordinaire, qu'une indemnité plus élevée pourrait être accordée. Pour éviter les abus qui pourraient se produire, le Ministre se réserve de statuer sur la proposition du préfet dans ces cas spéciaux.

ART. 8. L'indemnité est mandatée par le préfet ainsi que le sont toutes les autres dépenses.

En raison de leur modicité, ces indemnités ne pouvaient être mandatées mensuellement. Elles le seront semestriellement aux mêmes dates que précédemment. (Circulaires des 16 et 22 décembre 1875.)

SECTION III.
INSTITUTEURS SUPPLÉANTS ET INSTITUTRICES SUPPLÉANTES.

L'organisation actuelle du service des suppléances d'instituteurs a été établie par la circulaire du 9 novembre 1881. Quelques mois auparavant, à la date du 12 mai 1881, M. Jules Ferry, alors Ministre de l'Instruction publique, avait appelé l'attention des préfets sur l'utilité qu'il y aurait à créer, dans chaque département, un certain nombre d'emplois d'instituteurs suppléants et d'institutrices suppléantes chargés, en cas de maladie des instituteurs et des institutrices titulaires, de remplacer momentanément ces fonctionnaires dans la direction de leurs écoles. La dépense devait être acquittée par l'État et par les départements.

L'État prenait à sa charge les traitements; les frais de déplacement étaient supportés par le département.

Cette institution, qui répondait à un besoin réel, avait déjà fait l'objet d'une réglementation ancienne. (Décret du 31 décembre 1853.) Le défaut de ressources budgétaires l'avait fait abandonner, sauf dans quelques départements, où elle fonctionnait, grâce à la générosité de conseils généraux, bien avant 1881.

Les conseils généraux consultés à cette époque sur l'utilité qu'il y avait à organiser ces suppléances ont montré pour la plupart un très grand empressement à répondre favorablement au vœu de l'Administration.

Il y a en effet quelque chose de particulièrement douloureux dans la nécessité où l'Administration se trouvait jusqu'alors d'accepter ou d'exiger que l'instituteur malade se fît remplacer à ses frais pendant la durée de sa maladie.

La circulaire du 9 novembre 1881 fut donc accueillie avec une satisfaction unanime. En voici les passages essentiels :

Circulaire ministérielle du 9 novembre 1881.

« J'ai décidé qu'il sera créé :

« Un emploi d'instituteur suppléant dans les départements où le nombre des écoles laïques est inférieur à 400 ;

« Deux emplois dans ceux où il y a de 400 à 600 écoles, et trois au-dessus de 600.

« Quant aux institutrices suppléantes, il y en aura une ou deux, suivant les besoins.

« Le traitement des instituteurs suppléants sera de 1,200 francs; celui des institutrices de 1,000 francs; dans ce chiffre sera comprise l'indemnité de logement.

« En ce qui concerne les allocations à attribuer aux instituteurs suppléants pour leurs frais de déplacement, ces allocations devront être acquittées au moyen de crédits que les conseils généraux ouvriront sur les ressources propres des départements.

« Il importe de remarquer, en effet, que les suppléances constituent, en réalité, un service départemental, attendu que le département est tenu, aux termes de la loi du 15 mars 1850, d'assurer le recrutement du personnel enseignant pour les écoles primaires.

« Il paraît donc équitable que les ressources du budget local concourent à la dépense. »

Le projet de règlement soumis à l'examen du Conseil d'État diffère peu des dispositions qui étaient jusqu'ici en vigueur. Il suffit donc de passer rapidement en revue les articles de la section III en indiquant la raison d'être de chacun d'eux.

D'après l'article 9, les suppléances départementales ne pourront être confiées qu'à des *titulaires*. En effet, les suppléants seront en fait employés le plus souvent à remplacer momentanément un instituteur ou une institutrice qui dirige une école à une seule classe : c'est en effet le cas où le remplacement est évidemment le plus nécessaire, puisque la maladie du titulaire seul préposé à l'école en entraînerait la fermeture. On ne peut donc songer à confier ce remplacement à un stagiaire ou à une stagiaire qui n'a pas légalement le droit de remplir cette fonction et qui ne pourrait être rendu responsable des accidents s'il s'en produisait.

De la règle précédente découle nécessairement l'obligation de conférer au préfet la nomination des suppléants et des suppléantes, puisqu'aux termes de la loi du 30 octobre 1886 (art. 27) les titulaires sont nommés par le préfet. Tel est l'objet de l'article 10.

Les suppléants devant conserver leurs fonctions pendant un laps de temps assez court, il ne pouvait être question de créer pour eux une série de classes. L'article 11 établit qu'ils forment une classe unique au traitement de 1,500 francs pour les instituteurs et de 1,400 francs pour les institutrices. Pour se conformer à la pensée libérale qui a fait relever les traitements du personnel des écoles primaires, il a paru légitime d'augmenter également les émoluments des suppléants. Cet article ajoute qu'ils n'ont pas droit au logement ni à l'indemnité représentative, non plus qu'à l'indemnité de résidence, ce qui explique suffisamment pourquoi leurs traitements se trouvent supérieurs de 500 ou de 400 francs aux traitements de début des instituteurs et institutrices titulaires. Leurs frais de déplacement doivent être couverts par une indemnité fixe de 200 francs non soumise à retenue, par application de l'article 21 du décret du 9 novembre 1853, et payée par l'État, puisque la loi du 19 juillet 1889 n'a pas imposé cette dépense aux départements.

L'article 12 a pour but de sauvegarder les intérêts des instituteurs suppléants, lorsqu'ils rentrent dans le cadre régulier; il est équitable de leur tenir compte, pour le classement et l'avancement, du temps qu'ils ont passé dans ces fonctions.

L'instruction du 9 novembre 1881 subordonne le nombre des suppléants au nombre des écoles; ce système a présenté des inconvénients qui ont été signalés à plusieurs reprises; l'administration préfectorale déclarait que le service n'était pas assuré avec le personnel restreint des instituteurs suppléants. Beaucoup de maîtres malades se sont trouvés obligés chaque année, à cause de l'insuffisance du nombre des suppléants, de se faire remplacer à leurs frais ou de renoncer momentanément à leurs fonctions et, par suite à tout ou partie de leurs traitements au moment où ils en avaient le plus besoin.

Il était donc nécessaire de modifier à ce sujet l'organisation existante. Au lieu d'établir une règle fixe et uniforme, il a semblé préférable de tenir compte surtout des besoins du service. C'est pourquoi l'article 13 donne au Ministre le soin de fixer le nombre des instituteurs suppléants et des institutrices suppléantes d'après la proposition du préfet, après avis du conseil départemental, et dans la mesure des possibilités budgétaires.

SECTION IV.

Ce projet a été élaboré par la Section de l'Intérieur, ce qui dispense d'en donner ici à nouveau l'exposé des motifs. Il formait un projet distinct que l'on propose de rattacher à ce qui précède sous le titre de : *Section IV.*

PROJET DE DÉCRET

*portant règlement d'administration publique sur diverses questions rela-
tives au personnel des écoles primaires publiques, savoir : 1° les directeurs déchargés de classe; 2° les allocations aux maîtresses de couture;
3° les instituteurs suppléants départementaux; 4° les indemnités représentatives de logement.*

LE PRÉSIDENT DE LA RÉPUBLIQUE FRANÇAISE,

Sur le rapport du Ministre de l'Instruction publique et des Beaux-
Arts ;

Vu la loi du 19 juillet 1889 et notamment l'article 48, § 5, 6, 14
et 15 ainsi conçus :

« Il est statué par des règlements d'administration publique :

. . . .

« 5° Sur les conditions dans lesquelles les directeurs et directrices
d'écoles de plus de cinq classes pourront être dispensés de tenir une
classe ;

« 6° Sur les conditions de nomination et d'exercice des instituteurs
suppléants chargés de remplacements provisoires, en cas de maladie, de suspension ou de congé régulier des titulaires;

. . . .

« 14° Sur le taux et les conditions d'obtention des indemnités pour
les maîtresses de couture prévues à l'article 46;

« 15° Sur le taux des indemnités représentatives de logement prévues à l'article 4, § 2, pour le personnel enseignant des écoles primaires de tout ordre » ;

Vu la loi du 30 octobre 1886 sur l'organisation de l'enseignement
primaire ;

Vu les règlements organiques du 18 janvier 1887 ;

Vu l'avis du Conseil supérieur de l'Instruction publique, en date du
8 novembre 1889;

Le Conseil d'État entendu,

DÉCRÈTE :

SECTION I.

DIRECTEURS D'ÉCOLES PRIMAIRES ÉLÉMENTAIRES DÉCHARGÉS DE CLASSE.

ART. 1ᵉʳ. Aucun directeur, aucune directrice ne peut être dispensé
de tenir une classe que si l'école à la tête de laquelle il est placé
comprend plus de cinq classes et si le nombre moyen des élèves pré-
sents est de trois cents au minimum.

ART. 2. Lorsque l'inspecteur d'Académie estime qu'il y a lieu de
dispenser un directeur ou une directrice d'école de tenir une classe,
le préfet, sur sa proposition, invite le maire de la commune où est

située l'école à provoquer sur la question, dans le délai d'un mois, une délibération du conseil municipal.

Art. 3. Si le conseil municipal a émis un avis favorable, le préfet saisit le conseil départemental dans sa plus prochaine session.

Si le conseil municipal a émis un avis contraire ou s'il n'a pas dé-ibéré dans le délai de trois mois, le préfet saisit, s'il y a lieu, le con-seil départemental.

Art. 4. Toute décision du conseil départemental dispensant un directeur ou une directrice de tenir une classe est soumise, confor-mément à l'article 13 de la loi du 30 octobre 1886, à l'approbation du Ministre de l'Instruction publique.

Art. 5. Dans les communes visées à l'article 12, § 4, de la loi, la dispense peut être accordée, sur l'avis conforme du conseil muni-cipal, à tout directeur d'une école de cinq classes au moins, si cette école compte plus de 250 élèves.

Le Conseil d'État jugera peut-être bon d'ajouter une *disposition transitoire* qui pourrait être ainsi conçue : « Dans les écoles comptant moins de cinq classes dont le directeur ou la directrice est actuelle-ment déchargé de classe, il ne sera fait aucun changement tant que les titulaires actuels resteront en exercice, mais leurs successeurs devront être chargés d'une classe. Cet article n'est pas applicable aux communes visées par l'article 5 ci-dessus. »

SECTION II.

INDEMNITÉS POUR LES MAÎTRESSES DE COUTURE.

Art. 6. Dans les écoles mixtes actuellement dirigées, à titre provi-soire, par des instituteurs, les maîtresses chargées de l'enseignement de la couture reçoivent une indemnité annuelle, non soumise à retenue, dont le taux est fixé par le préfet, sur la proposition de l'inspecteur d'Académie [1].

Cette indemnité cesse d'incomber à l'État : 1° dans les écoles mixtes créées postérieurement à la publication du présent décret; 2° dans les écoles déjà existantes où l'instituteur actuellement en service ne serait pas remplacé, conformément à l'article 6 de la loi, par une in-stitutrice.

Dans ces deux cas, l'indemnité à allouer à la maîtresse de couture serait exclusivement à la charge de la commune.

Art. 7. L'indemnité accordée par le préfet ne peut être supérieure à 80 francs par an.

Toutefois dans le cas où, en raison du nombre des élèves de l'école et du nombre d'heures donné chaque semaine par la maîtresse, il y aurait lieu de lui allouer une somme plus élevée, le taux de cette indemnité serait fixé par le Ministre de l'Instruction publique, sur la proposition du préfet.

---

[1] Le texte en vigueur est l'article 24 du décret du 18 janvier 1887, ainsi conçu :
« Les maîtresses chargées de l'enseignement des travaux de couture dans les écoles mixtes exceptionnellement dirigées par des instituteurs sont nommées par l'inspec-teur d'Académie. Le chiffre de leur traitement est fixé par le préfet, sur la proposition de l'inspecteur d'Académie. »

Art. 8. L'indemnité accordée aux maîtresses de couture est mandatée par le préfet.

Elle est payée semestriellement et par moitié, les 30 juin et 31 décembre de chaque année, sur le vu d'un état dressé par l'inspecteur d'Académie.

SECTION III.

INSTITUTEURS SUPPLÉANTS ET INSTITUTRICES SUPPLÉANTES.

Art. 9. Les fonctions d'instituteur suppléant et d'institutrice suppléante ne peuvent être confiées qu'à des instituteurs et institutrices titulaires.

Art. 10. Les instituteurs suppléants et les institutrices suppléantes sont nommés, dans la même forme que les autres instituteurs publics, par le préfet, sur la proposition de l'inspecteur d'Académie.

Art. 11. Les instituteurs suppléants et les institutrices suppléantes forment une classe unique, au traitement de 1,500 francs pour les instituteurs et de 1,400 francs pour les institutrices.

Ils reçoivent, en outre, pour frais de déplacement une indemnité annuelle de 200 francs, non soumise à retenue. Cette indemnité est à la charge de l'État.

Ils n'ont pas droit au logement ni à l'indemnité représentative, non plus qu'à l'indemnité de résidence.

Art. 12. Lorsque les instituteurs suppléants et les institutrices suppléantes quittent leurs fonctions pour être nommés dans une école primaire publique, il leur est tenu compte, pour le classement et l'avancement, du temps qu'ils ont passé dans lesdites fonctions.

Art. 13. Le nombre d'instituteurs suppléants et d'institutrices suppléantes est fixé, pour chaque département, par arrêtés du Ministre de l'Instruction publique, rendus sur la proposition du préfet, après avis du conseil départemental.

(Un article du règlement spécial à l'Algérie (ancien projet n° 14, art. 11) fixe à un taux plus élevé le traitement des instituteurs pour l'Algérie. Le Conseil d'État jugera peut-être qu'il y aurait lieu de distraire cet article et de le joindre au présent règlement. Il est ainsi conçu :

« En Algérie, le traitement des instituteurs suppléants sera de 1,800 francs et le traitement des institutrices suppléantes de 1,700 fr. »)

SECTION IV.

INDEMNITÉS DE LOGEMENT AU PERSONNEL ENSEIGNANT.

(Primitivement rédigée sous forme de projet distinct.)

Art. 14. L'indemnité annuelle représentative de logement attribuée aux instituteurs et institutrices placés à la tête d'une école primaire

14

élémentaire ou d'une école maternelle devra être fixée conformément aux taux indiqués ci-après :

Communes de moins de 500 habitants. de	50 à	100^f
———— de 500 à 1,000 ————	100	150
———— de 1,000 à 3,000 ————	150	200
———— de 3,000 à 10,000 ————	200	250
———— de 10,000 à 40,000 ————	250	300
———— de 40,000 à 100,000 ————	300	400
———— au-dessus de 100,000 ————	350	500
Paris.................................	700	800

L'indemnité de logement ne pourra être inférieure aux 2/3 des taux maxima ci-dessus pour les titulaires adjoints et adjointes mariés, et à la moitié des mêmes taux pour les titulaires adjoints et adjointes célibataires, ainsi que pour les stagiaires.

ART. 15. Pour les directeurs et directrices d'écoles primaires supérieures, l'indemnité représentative de logement sera établie conformément aux taux suivants :

Communes au-dessous de 10,000 habitants, de	200 à	300^f
———— de 10,000 à 40,000 ————	300	400
———— de 40,000 à 100,000 ————	400	500
———— au-dessus de 100,000 ————	500	600
Paris.................................	800	1,000

L'indemnité de logement ne pourra être inférieure aux 2/3 des taux maxima ci-dessus pour les adjoints et adjointes des écoles primaires supérieures, s'ils sont mariés, et à la moitié des mêmes taux s'ils sont célibataires.

ART. 16. Les Ministres de l'Intérieur, des Finances et de l'Instruction publique sont chargés, chacun en ce qui le concerne, de l'exécution du présent décret.

PROJET DE DÉCRET

portant règlement d'administration publique pour la fixation des traitements et indemnités du personnel administratif et enseignant des écoles normales supérieures d'enseignement primaire de Saint-Cloud et de Fontenay-aux-Roses.

EXPOSÉ DES MOTIFS.

Observations générales.

Il ne serait pas possible d'entrer ici dans les développements nécessaires pour faire connaître l'organisation et le but des écoles normales supérieures d'enseignement primaire de Fontenay-aux-Roses et de Saint-Cloud. On trouvera les renseignements les plus complets sur ces établissements dans le fascicule n° 58 des *Mémoires et documents scolaires*, ainsi que dans le n° 14 des *Monographies pédagogiques* publiées à l'occasion de l'Exposition de 1889 : ces deux documents ont été distribués au Conseil d'État.

Nous rappellerons que les principales conditions d'organisation des deux écoles de Fontenay et de Saint-Cloud ont été d'abord fixées par les arrêtés du 24 décembre 1880, pour Fontenay, et du 22 décembre 1882, pour Saint-Cloud, puis par le décret et l'arrêté organiques du 18 janvier 1887 (art. 90-96 du décret, 106-125 de l'arrêté). Mais les cadres du personnel administratif et enseignant de ces écoles n'ont été réglementairement constitués que par le décret du 28 novembre 1889, rendu après avis du Conseil supérieur de l'Instruction publique, dont le texte est le suivant :

DÉCRET

constituant le personnel administratif et enseignant des écoles normales supérieures d'enseignement primaire de Saint-Cloud et de Fontenay-aux-Roses.

« Le Président de la République française,

« Sur le rapport du Ministre de l'Instruction publique et des Beaux-Arts;

« Vu les lois de finances des 29 juillet 1881 et 29 décembre 1882;

« Vu l'article 19 de la loi du 19 juillet 1889;

« Vu les articles 90 et 96 du décret du 18 janvier 1887 et les articles 106 à 125 de l'arrêté du même jour réglant la constitution et le régime intérieur des deux écoles normales supérieures de l'enseignement primaire;

« Le Conseil supérieur de l'Instruction publique entendu,

« Décrète :

« Le personnel administratif et enseignant des écoles normales supérieures d'enseignement primaire de Saint-Cloud et de Fontenay-aux-Roses est constitué comme il suit :

SECTION II. — ÉCOLE DE SAINT-CLOUD.

« Art. 1er. Le personnel administratif comprend :
« Un directeur;
« Un économe;
« Un surveillant général.

« Art. 2. Le directeur a titre et rang d'inspecteur général de l'enseignement primaire.

« Art. 3. Le personnel enseignant se compose de professeurs et de maîtres de conférences.
« Les professeurs sont nommés et les maîtres de conférences délégués par le Ministre.
« La durée de la délégation est fixée par le Ministre; elle peut être renouvelée.

« Art. 4. Un préparateur est attaché à l'école.

SECTION Ire. — ÉCOLE DE FONTENAY-AUX-ROSES.

« Art. 5. Le personnel de l'école comprend la directrice, l'économe, les maîtresses répétitrices internes, les professeurs et les maîtres de conférences.

« Art. 6. Le Ministre peut charger de la direction des études, soit un inspecteur général, soit un fonctionnaire qui aura rang d'inspecteur général (hors cadre).

« Art. 7. Les dispositions de l'article 3 du présent décret sont applicables à l'école de Fontenay.

« Art. 8. Le Ministre de l'Instruction publique et des Beaux-Arts est chargé de l'exécution du présent décret.

« Fait à Paris le 28 novembre 1889.

« CARNOT. »

« Par le Président de la République :

« *Le Ministre de l'Instruction publique et des Beaux-Arts,*

« A. FALLIÈRES. »

Examen des articles.

Le décret du 28 novembre 1889 ayant constitué les cadres du personnel administratif et du personnel enseignant dans les deux écoles de Fontenay-aux-Roses et de Saint-Cloud, il reste à fixer les traitements et indemnités que doivent recevoir les membres de ces deux personnels. C'est l'objet du projet de décret n° 2 ancien, soumis à l'examen du Conseil d'État.

Ce projet, qui ne fait d'ailleurs que consacrer et régulariser l'état de choses existant dans les deux établissements, comprend deux sections, l'une relative à l'école de Saint-Cloud, l'autre à l'école de Fontenay. Comme on peut le prévoir, ces deux sections renferment des dispositions communes aux deux écoles; mais elles en renferment aussi quelques-unes qui sont particulières à chacun des deux établissements. D'où des ressemblances et des différences qu'on se propose de faire ressortir, avec leurs raisons d'être.

Dispositions communes. — Le décret du 28 novembre 1889 et le projet de décret soumis au Conseil d'État placent à la tête de l'école de Fontenay-aux-Roses une directrice, et à la tête de l'école de Saint-Cloud un directeur ayant le titre et le rang d'inspecteur général. Le directeur et la directrice sont assistés chacun d'un économe, et ils sont secondés dans la surveillance des élèves, le directeur de l'école de Saint-Cloud par un surveillant général, la directrice de Fontenay par des répétitrices, qui remplissent en même temps, comme il sera expliqué plus loin, des fonctions d'enseignement. C'est là tout le personnel administratif, et sa présence dans l'une et l'autre école s'explique assez d'elle-même sans qu'il soit nécessaire d'insister pour la justifier.

Quant au personnel enseignant, il se compose dans les deux écoles de deux catégories de maîtres, à savoir : les *professeurs* en titre et les *maîtres de conférences*. La nécessité de ces deux catégories de maîtres n'apparaissant pas aussi clairement, il a semblé utile de donner à ce sujet quelques explications.

A Saint-Cloud et à Fontenay, il y a, comme dans toutes les écoles, un enseignement permanent, régulier, qui dure toute l'année et se

donné une ou deux fois chaque semaine, suivant l'importance de la
matière enseignée. Il porte sur ce qu'on est convenu d'appeler les
matières fondamentales. Mais à côté de cet enseignement, le Conseil
supérieur a jugé que, dans des écoles telles que celles de Fontenay
et de Saint-Cloud, il y avait place pour un autre enseignement plus
varié dans ses sujets, plus souple dans sa forme, qui mettrait de
temps en temps les élèves en contact avec des maîtres éminents et
qui ne demanderait qu'un nombre variable de leçons. Ce sont ces
leçons spéciales que le projet de décret appelle des *conférences.* Le
premier de ces deux enseignements est donné par des professeurs en
titre, pourvus d'une nomination ministérielle et recevant, en conséquence, un traitement fixe soumis à la retenue; le second, par des
professeurs que le Ministre se réserve le droit de désigner, qui peuvent n'être pas les mêmes chaque année et qui reçoivent une indemnité non soumise à retenue. Le nombre des professeurs titulaires est
fixe; celui des maîtres de conférences est variable. Chaque professeur
fait deux leçons au plus par semaine et il y a autant de professeurs
qu'il y a de matières d'enseignement. On conçoit que pour un enseignement aussi élevé que celui de Fontenay et de Saint-Cloud, on
n'ait pas songé à confier l'enseignement de plusieurs matières à un
même professeur : il y fallait des professeurs spéciaux pour chaque
matière spéciale. C'est ce qui explique comment le nombre des leçons
hebdomadaires données par chaque professeur est aussi restreint et
comment, par contre, le nombre des professeurs est relativement
considérable.

Le taux de la rémunération des professeurs de chaque catégorie
est le même dans les deux écoles, parce que l'enseignement y est
sensiblement le même et parce que le personnel enseignant a la
même origine et la même valeur. Tous les professeurs de Saint-Cloud
et de Fontenay appartiennent, en effet, à l'enseignement secondaire
ou à l'enseignement supérieur. La rémunération qui est allouée aux
professeurs titulaires est de 2,000 francs par an, pour une leçon par
semaine. Comme il y a environ quarante semaines dans l'année scolaire, chaque professeur reçoit donc 50 francs par leçon. Au premier
abord, ce taux peut paraître élevé; mais si l'on considère que les
professeurs dont il s'agit habitent Paris, qu'il leur faut une heure et
demie en moyenne pour se rendre à Saint Cloud ou à Fontenay et
autant pour regagner leur domicile; que chaque leçon est d'une
heure et demie et que c'est par conséquent toute une matinée ou
toute une après-midi qu'on leur demande pour une seule leçon, sans
parler du temps que nécessitent la préparation de ces leçons et la
correction des devoirs; si l'on veut bien, en outre, tenir compte de la
qualité du personnel enseignant, qui se recrute parmi les professeurs les plus distingués de Paris, on reconnaîtra que cette rémunération n'est que le juste salaire du temps qu'ils donnent et de la valeur de leur enseignement. On peut ajouter enfin, à titre de renseignement, que les professeurs de l'école de Sèvres reçoivent une
rémunération plus élevée.

Le projet de décret fixe la rémunération des maîtres de conférences à un taux qui varie entre 20 francs et 60 francs. On remarquera d'abord que ce dernier chiffre est un peu plus élevé que celui de l'allocation attribuée aux professeurs titulaires. La raison en est que les maîtres de conférences ne donnent qu'un enseignement intermittent, passager, qui ne se compose parfois que de trois ou quatre leçons, et qu'à ces maîtres ainsi appelés exceptionnellement, il n'est que juste d'offrir une rémunération un peu plus élevée. Quant à l'écart qui existe entre le taux minimum et le taux maximum, il s'explique par cette considération que l'Administration a voulu se réserver le droit de proportionner la rémunération à l'importance de la matière enseignée, sans parler même du mérite de celui qui l'enseigne. Il appartient d'ailleurs au Ministre de désigner les conférenciers et de fixer, par espèce, le taux de la rémunération à allouer à chacun d'eux.

Le projet de décret établit, et avec raison, une différence entre les traitements des professeurs chargés de l'enseignement des matières les plus importantes et les traitements de ceux qui sont chargés de l'enseignement des matières accessoires, telles que les langues vivantes, le chant, le dessin, le travail manuel, etc. En ce qui concerne le chant, le dessin, etc., cette différence se justifie d'elle-même. Elle ne se justifie pas aussi clairement pour les langues vivantes, qui ne sont rien moins qu'une matière accessoire. Mais comme cet enseignement ne demande ni la même préparation, ni le même temps pour la correction des devoirs, il a paru qu'on pouvait, pour ce motif et aussi par raison d'économie, lui attribuer une rémunération moindre.

Il faut remarquer encore, parmi les dispositions communes aux deux écoles, celle qui attribue au directeur de l'école de Saint-Cloud et au directeur des études de Fontenay un traitement de 10,000 francs. C'est le traitement auquel leur donne droit leur titre d'inspecteur général. En abaissant de 1,000 francs le traitement de la directrice de Fontenay-aux-Roses, on a voulu marquer la hiérarchie qui doit exister entre la directrice et le directeur supérieur des études.

Enfin, dans l'une et l'autre école, le projet de décret prévoit un directeur et une directrice chargés de l'enseignement des travaux manuels (travaux d'aiguille, coupe et assemblage à Fontenay, travail du fer et du bois à Saint-Cloud). On a expliqué plus haut pourquoi le traitement de ce maître et de cette maîtresse est inférieur à celui des autres professeurs; il reste à expliquer pourquoi ce traitement, ainsi que celui de certains autres fonctionnaires au lieu d'être fixe, varie entre un minimum et un maximum.

Le traitement des professeurs est fixe, et il est naturel qu'il en soit ainsi, puisque ces fonctionnaires, remplissant d'autres fonctions, attendent d'ailleurs des augmentations de traitement. Les écoles de Saint-Cloud et de Fontenay n'avaient donc pas à se préoccuper de leur avancement. Il n'en est pas de même de certains autres fonctionnaires, tels que les économes, le surveillant général, le prépara-

teur, les répétitrices, le directeur et la directrice des travaux manuels. Ceux-ci n'ont pas d'autre emploi et, par conséquent, pas d'autre
avancement à espérer que celui qui leur viendra de l'une ou l'autre
école. Il est juste que ces établissements soient en mesure de récom-
penser leur zèle et la durée de leurs services. C'est pourquoi le projet
de décret prévoit pour eux un traitement de début, avec des augmentations successives, que le Ministre leur accordera lorsqu'il croira
le moment venu.

Avant de terminer sur ce point, on croit devoir faire observer que,
si le projet de décret assure au directeur de Saint-Cloud et à la directrice de Fontenay la gratuité du logement, il est muet sur les prestations pour le chauffage et l'éclairage de leur cabinet, prestations que
le règlement du 29 mars 1890 accorde aux directeurs et directrices
d'écoles normales primaires. Il ne fait pas mention non plus des prestations en nature auxquelles les maîtres et les maîtresses internes de
Fontenay et de Saint-Cloud ont droit, au même titre que les maîtres
de la même catégorie des écoles normales primaires. C'est une double
lacune que le Conseil d'État voudra sans doute combler : on pourrait la faire disparaître en supprimant les articles 2 et 5 du projet de
décret et en les remplaçant par un article unique, où il serait dit que
les articles 6, § 2, et 7 du règlement du 29 mars 1890, sur l'administration et la comptabilité des écoles normales, sont applicables aux
écoles de Fontenay et de Saint-Cloud.

Dispositions particulières à chaque école. — La première et la plus
importante des différences que l'on constate dans l'organisation des
deux écoles, c'est la présence à l'école de Fontenay d'un directeur
des études. Cette situation existe depuis dix ans et l'excellence des
résultats qu'elle a donnés est le meilleur argument de fait que l'on
puisse donner pour son maintien. On comprend aisément d'ailleurs
que, dans une grande école comme celle de Fontenay, où il importe
avant tout d'imprimer aux études et à la vie même de la maison une
impulsion pédagogique ferme et élevée, la présence d'un homme
d'une expérience éprouvée et d'une autorité au-dessus de toute dis-
cussion soit indispensable pour assurer l'unité des méthodes et
l'unité de direction. On comprend aussi que, dans une telle maison,
une directrice, quel que soit d'ailleurs son mérite, ne saurait suffire
à cette tâche et remplir, en outre, les devoirs multiples de surveillance et de direction morale qui lui incombent. Il faut dire encore
qu'il existe à Fontenay une section d'élèves qui se préparent à la direction des écoles normales et que le soin de leur préparation revient
presque exclusivement au directeur des études. Il faut dire enfin que
ce directeur des études est en même temps inspecteur général et
qu'il peut, comme c'est présentement le cas, en remplir effectivement les fonctions, qui comportent de fréquentes absences.

Au surplus, l'article 6 du décret du 28 novembre 1889 donne au
Ministre le droit de maintenir ou de supprimer cet emploi, suivant
les circonstances et suivant les personnes.

A l'école de Saint-Cloud il y a un surveillant général et un préparateur; à l'école de Fontenay, il n'y a ni surveillant général, ni préparateur, mais il y a des maîtresses répétitrices qui remplissent des
fonctions analogues. La nécessité d'un surveillant général à l'école de
Saint-Cloud se justifie d'elle-même. Quant à la présence d'un préparateur spécial, elle est non moins nécessaire. L'enseignement des
sciences physiques et naturelles occupe à Saint-Cloud une place importante, plus considérable, à certains égards, qu'à Fontenay. Le
préparateur assiste à toutes les leçons des professeurs; il prépare les
expériences et veille au bon entretien des collections, des labora-
toires, des cabinets de physique et d'histoire naturelle; de plus, il
dirige personnellement les exercices de manipulations des élèves, et
ces exercices sont fréquents; enfin il est chargé d'un service régulier
d'interrogations et il contrôle les leçons que les élèves s'essaient à
faire entre eux pour s'exercer à la pratique de l'enseignement. Il s'en
faut donc que son emploi soit une sinécure.

A Fontenay, les maîtresses répétitrices remplissent à la fois les
fonctions de surveillant général et de préparateur. De plus, elles
guident les élèves dans leurs travaux et font des conférences spéciales
pour compléter ou reviser l'enseignement des professeurs; elles s'occupent du matériel scientifique, des bibliothèques, etc.; elles sur-
veillent et dirigent les promenades et les excursions. Toujours pré-
sentes au milieu des élèves, elles les aident de leurs conseils et les
soutiennent par leur exemple. Ce sont les très utiles auxiliaires de la
directrice et des professeurs. Pourvues du titre de professeur d'école
normale et choisies parmi les anciennes et distinguées élèves de
Fontenay, elles reçoivent le traitement de leur grade et en outre une
indemnité de 5oo francs. Cette indemnité supplémentaire est la
constatation de la supériorité de leur mérite personnel.

Les maîtresses répétitrices peuvent aussi être chargées de l'enseignement des langues vivantes, service qui est fait à Saint-Cloud par
des professeurs externes. On comprend l'intérêt qu'il y a à ce que les
langues étrangères, qui s'apprennent surtout par la conversation,
soient enseignées par des maîtresses qui sont constamment en contact avec les élèves. Pour ce supplément de travail, elles recevront
une indemnité, non soumise à retenue, dont le Ministre propor-
tionnera l'importance aux résultats qu'elles obtiendront et au temps
qui leur sera demandé. C'est à dessein qu'on établit un taux variable
d'indemnité, notamment pour les répétitrices d'anglais ou d'allemand.
Tantôt c'est une étrangère qui peut trouver dans le séjour même de
Fontenay un avantage et se contenter d'être logée et nourrie, tantôt
c'est une Française munie de tous ses titres, y compris l'agrégation;
il serait injuste d'établir une rémunération identique pour des situations et des titres si différents.

Une question très importante et non encore résolue est celle des
deux écoles normales d'application qui, d'après l'article 91 du décret
organique, doivent être annexées, l'une à l'école de Saint-Cloud,
l'autre à celle de Fontenay. Pour cette dernière, l'école normale an-

nexe doit se confondre avec l'école Pape-Carpantier, provisoirement installée à Versailles. Jusqu'au moment où cette double adjonction pourra être réalisée, c'est-à-dire jusqu'à l'ouverture de crédits spéciaux nécessaires pour ce complément d'organisation, il ne semble ni utile ni possible d'arrêter des règles d'administration publique, soit pour les traitements du personnel, soit pour le fonctionnement même des écoles dont il s'agit. On propose donc de réserver la question et de surseoir à statuer jusqu'à la mise en vigueur effective de l'article 91 ainsi conçu : « A chacun de ces établissements il sera annexé une école normale primaire d'application ».

PROJET DE DÉCRET

portant règlement d'administration publique pour la fixation des traitements et indemnités du personnel administratif et enseignant des Écoles normales supérieures d'enseignement primaire de Saint-Cloud et de Fontenay-aux-Roses.

Le Président de la République française,

Sur le rapport du Ministre de l'Instruction publique et des Beaux-Arts ;

Vu l'article 19 de la loi du 19 juillet 1889 ainsi conçu :

Le mode et le taux de rémunération des professeurs, maîtres de conférences, économes, répétiteurs et répétitrices dans les écoles normales supérieures d'enseignement primaire seront fixés par un règlement d'administration publique, qui déterminera les cas où cette rémunération donnera lieu à une retenue pour la retraite.

Vu le décret, en date du 28 novembre 1889, fixant les cadres du personnel administratif et enseignant des Écoles normales supérieures d'enseignement primaire de Saint-Cloud et de Fontenay-aux-Roses ;

Vu l'avis du Conseil supérieur de l'Instruction publique en date du 8 novembre 1889 ;

Le Conseil d'État entendu,

Décrète :

SECTION I.

ÉCOLE DE SAINT-CLOUD.

Art. 1. Les traitements du personnel de l'École de Saint-Cloud sont fixés comme il suit :

Directeur		10,000ᶠ
Économe...............	de 3,000ᶠ à	4,500
Surveillant général.......	de 2,500 à	3,500
Préparateur...........	de 3,000 à	3,500
Professeurs chargés de l'enseignement des matières fondamentales........		2,000 } par an,
Professeurs de langues vivantes, de dessin, de modelage.............		1,400 } pour une leçon par semaine.
Directeur des travaux manuels, de 800ᶠ à		1,000

Tous ces traitements donnent lieu aux retenues pour la retraite.

15.

ART. 2. Le directeur de l'École a droit au logement.

L'économe et le surveillant général ont droit l'un et l'autre au logement et aux prestations en nature.

ART. 3. Il est alloué aux maîtres de conférences une indemnité qui n'est pas soumise à retenue. Cette indemnité, dont le chiffre est fixé par le Ministre, peut varier de 20 à 60 francs par conférence.

SECTION II.

ÉCOLE DE FONTENAY-AUX-ROSES.

ART. 4. Les traitements du personnel de l'École de Fontenay-aux-Roses sont fixés comme il suit :

Directrice........................	9,000^f	
Économe, de 3,000^f à.............	4,000	
Professeurs chargés de l'enseignement des matières fondamentales........	2,000	par an,
Professeurs de langues vivantes, de dessin..........................	1,400	pour une leçon par semaine.
Directrice des travaux manuels, de 800^f à.............................	1,000	

Le traitement de l'inspecteur général directeur des études, prévu par l'article 6 du décret du 28 novembre 1889, est de 10,000 francs.

Tous ces traitements donnent lieu aux retenues pour la retraite.

ART. 5. La directrice a droit au logement. L'économe a droit au logement et aux prestations en nature.

ART. 6. Le traitement des maîtresses répétitrices est celui de la classe où elles sont inscrites dans le personnel des écoles normales, augmenté d'un supplément de 500 francs sujet à retenue.

ART. 7. Les répétitrices de langues vivantes reçoivent une indemnité, non soumise à retenue, fixée par arrêté du Ministre.

ART. 8. L'article 3 ci-dessus est applicable à l'école de Fontenay-aux-Roses.

ART. 9. Il sera statué ultérieurement sur les traitements et indemnités à allouer au personnel de l'école Pape-Carpantier, ainsi qu'à celui des deux écoles normales d'application qui doivent être annexées aux deux établissements, conformément à l'article 91 du décret du 18 janvier 1887.

ART. 10. Le Ministre de l'Instruction publique et des Beaux-Arts est chargé de l'exécution du présent décret.

PROJETS DE DÉCRETS

DÉJÀ ADOPTÉS

ET DEVENUS RÈGLEMENTS D'ADMINISTRATION PUBLIQUE.

ANCIEN N° 3.

Devenu le règlement d'administration publique du 29 janvier 1890.
Voir le texte, page 51.

ANCIEN N° 4.

Ce projet a été fondu avec le n° 1.
Voir ci-dessus, page 89.

ANCIEN N° 5.

Devenu : 1° le règlement d'administration publique sur le classement des instituteurs de Paris ; 2° le règlement d'administration publique sur les écoles normales de la Seine.
Voir à la fin du présent fascicule, pages 173 et 178, le texte de ces deux documents non encore publiés.

ANCIEN N° 6.

Devenu le règlement d'administration publique du 29 mars 1890 sur la comptabilité des écoles normales, les prestations en nature et le régime des écoles annexes.
Voir ci-dessus, page 57.

PROJET DE DÉCRET

portant règlement d'administration publique sur le nombre des heures de service exigées du personnel des écoles normales, des écoles nationales professionnelles et des écoles primaires supérieures, ainsi que sur le mode de rétribution des heures de service supplémentaires. (Art. 48, § 13.)

———

Section I. — Écoles normales.

———

EXPOSÉ DES MOTIFS.

———

ART. 1ᵉʳ DU PROJET DE DÉCRET.
(ART. 79 DE L'ARRÊTÉ DU 18 JANVIER 1887.)

La comparaison de ces deux articles donne lieu aux remarques suivantes :

1° L'arrêté du 18 janvier 1887 fixait à 16, dans les écoles normales de plus de 60 élèves, et à 18, dans les écoles normales de moins de 60 élèves, le nombre des heures d'enseignement dû, chaque semaine, par les maîtres chargés de l'enseignement des mathématiques ou des lettres. Le projet de décret soumis au Conseil d'État maintient cette distinction. La raison qui a déterminé le Conseil supérieur en 1887 et en 1889 est que le nombre des devoirs à corriger augmente avec le nombre des élèves et que le surcroît de travail qui résulte de cette correction de devoirs plus nombreux représente environ deux heures par semaine. On peut dire encore pour justifier cette distinction que, si le nombre d'heures demandé au personnel enseignant était le même dans toutes les écoles normales, on détournerait les meilleurs professeurs des écoles les plus importantes.

2° Le nombre des heures exigé des professeurs de lettres et de sciences (18 et 16) avait été diminué de deux heures, par l'arrêté du 18 janvier 1887, en faveur des maîtres chargés de l'enseignement des sciences physiques et naturelles. On avait été conduit à établir cette différence par cette considération que les professeurs de cette dernière catégorie sont tenus, avant la classe, de préparer des expériences et des appareils, et, après la classe, de remettre en état et en ordre les instruments dont ils se sont servis. On estimait que ces occupations *extra tempora* pouvaient équivaloir à deux heures d'enseignement. Après nouvel examen, le Conseil supérieur a pensé que si la préparation des expériences et la remise en place des appareils imposaient effectivement un surcroît de travail au professeur de sciences physiques et naturelles, par contre ce professeur avait moins de devoirs à corriger et qu'ainsi l'équilibre se rétablissait de lui-même. D'autre part, il arrive souvent que les deux professeurs de sciences se partagent l'enseignement de la physique, de la chimie et de l'histoire naturelle; et il devient dès lors difficile de décider lequel des deux doit bénéficier de la diminution de deux heures. Enfin, les professeurs de sciences physiques et naturelles donnant deux heures de plus dans le nouveau projet, c'est deux heures supplémentaires que le budget de l'école aura à payer en moins dans la plupart des cas.

3° L'arrêté du 18 janvier imposait huit heures d'enseignement à l'économe dans les écoles normales de toute catégorie, à l'exception de celles de plus de 100 élèves, où il était déchargé de tout enseignement (deux ou trois écoles seulement se trouvent dans ce cas). Le projet de décret abaisse à cinq le nombre de ces heures. Pour expliquer ce changement, il suffit de se reporter au texte de la loi qui dit (art. 21, § 2) : Que l'économe, dans les écoles normales de plus de 60 élèves, sera déchargé de tout enseignement, sauf l'écriture et la tenue des livres. Or, ces deux enseignements, aux termes de l'arrêté du 10 janvier 1889, comportent environ cinq heures par semaine; c'est le chiffre que fixe le projet de décret d'accord avec l'esprit de la loi.

4° La loi supprime l'emploi spécial d'économe dans les écoles de moins de 60 élèves et confie ces fonctions à un des maîtres de l'établissement, qui recevra en échange une allocation supplémentaire de 500 francs. Le législateur a entendu réaliser ainsi une économie, et le Conseil supérieur ne pouvait que s'incliner devant sa volonté. Mais on ne peut s'empêcher de se poser à ce sujet une question qui ne laisse pas que d'être inquiétante. Comment un seul fonctionnaire pourra-t-il s'acquitter convenablement de sa double fonction de professeur et d'économe? Ni l'une ni l'autre ne sont des sinécures, et la tâche d'un économe dans une école de moins de 60 élèves ne diffère pas sensiblement de celle d'un économe dans une école de plus de 60 élèves. La comptabilité et les écritures, qui sont la grosse besogne d'un économe, sont les mêmes; tout au plus y a-t-il une différence dans la surveillance à exercer sur la tenue générale de la maison.

Dès lors, n'est-il pas à craindre que l'une des deux fonctions ne soit sacrifiée à l'autre ou que toutes les deux restent en souffrance?

D'autre part, on ne pourra évidemment pas exiger du professeur-économe 18 heures d'enseignement, et comme il n'y a dans les écoles normales de moins de 60 élèves que deux professeurs du même ordre d'enseignement et que chacun des ordres d'enseignement comporte de 35 à 40 heures de classe par semaine, on sera forcément conduit à rétablir les heures supplémentaires qu'on s'efforçait de supprimer. En sorte que l'on peut prévoir que la suppression des économes dans la plupart·des écoles normales ne sera avantageuse ni pour l'enseignement ni pour les finances de l'établissement.

Mais la loi est formelle, il n'y a qu'à l'appliquer dans la mesure du possible, et c'est pour tâcher de l'appliquer que le Conseil supérieur a adopté la rédaction qu'on vient de voir.

Le Conseil d'État croira-t-il devoir respecter ce chiffre de *cinq heures,* qui représente une impossibilité administrative ? Ne se croira-t-il pas autorisé à rétablir le chiffre de *huit heures* comme temps minimum d'enseignement exigé du professeur chargé d'économat ?

Tout au moins ne conviendrait-il pas d'admettre et de dire dans le décret que les professeurs actuellement chargés de l'économat, et en possession d'un traitement très supérieur au maximum des économes, ne conserveront ce traitement que s'ils en conservent les charges et continuent de donner le nombre d'heures qui le justifie ? Ce serait, du moins comme mesure transitoire, le moyen d'éviter une perturbation générale dans la répartition du service.

Même avec ce palliatif, il n'est que trop évident que la suppression des économes spéciaux ne réalisera aucune économie et que les fonctions de l'économat ou celles de l'enseignement en seront moins bien remplies.

5° Le projet de décret ne fait pas mention du temps que les directeurs et les directrices d'écoles normales doivent à l'enseignement. Or, l'article 71 de l'arrêté du 17 janvier 1887 leur attribue les cours de pédagogie et de morale, qui représentent *sept heures* d'enseignement par semaine. Le Conseil supérieur a supposé cet article 71 maintenu. Le Conseil d'État préférera peut-être qu'il soit explicitement reproduit dans le nouveau règlement: le nombre d'heures dû à l'enseignement par ces fonctionnaires figurerait à l'article 1ᵉʳ du projet de décret.

6° Dans le projet de décret, comme dans l'arrêté du 18 janvier, il est demandé 30 heures au directeur de l'école annexe. Rien n'est donc innové à cet égard et rien ne pouvait l'être, puisque les règlements scolaires fixent à 30 le nombre des heures de classe dans les écoles primaires.

Cependant c'est ici le lieu de rappeler qu'un arrêté en date du 1ᵉʳ août 1888 accordait au directeur de l'école annexe le logement dans l'école ou une indemnité représentative de 300 francs, et, de plus, si le directeur avait le titre de professeur, une allocation supplémentaire de 300 francs soumise à retenue. La gratuité du logement se justifiait par la nécessité où se trouve un directeur d'école annexe d'être présent à l'école pendant la plus grande partie de la journée et aussi comme dédommagement de la lourde tâche qui lui incombe. Quant à l'allocation supplémentaire de 300 francs, elle avait pour but d'attirer dans les écoles annexes des maîtres d'élite; elle se justifiait encore par l'obligation où sont les professeurs d'école normale de faire un stage de deux ans dans les écoles annexes pour

être admis aux fonctions d'inspecteur. (Arrêté du 18 janvier, art.
240.) Le personnel de l'inspection se recruterait à l'avenir difficilement, si, par un avantage matériel, on ne décide les professeurs d'é-
coles normales à prendre la direction des écoles annexes, c'est-à-dire
à échanger un service de 16 à 18 heures contre un service de 30 heures
par semaine. Il y aurait lieu, pense-t-on, de régler ces situations dans
le nouveau décret [1].

ART. 80 DE L'ARRÊTÉ DU 18 JANVIER.

Le projet de décret ne reproduit pas l'article 80 de l'arrêté du
18 janvier 1887. Cet article semble inutile, en effet, puisque, d'une
façon générale, ce sont les professeurs de l'ordre des sciences qui ont
la compétence nécessaire pour donner l'enseignement du dessin géo-
métrique et du travail manuel. Cependant si , par exception, il se
trouvait qu'un professeur des lettres fût pourvu du diplôme nécessaire à l'enseignement de l'une de ces matières, il ne serait pas d'une
bonne administration de se priver de son concours.

ART. 2 DU PROJET DE DÉCRET.
(ART. 81 DE L'ARRÊTÉ DU 18 JANVIER 1887.)

L'article 2 du projet de décret ne présente avec l'article 81 de
l'arrêté du 18 janvier que quelques différences qui sont purement de
rédaction et sur lesquelles il paraît inutile d'insister. Ils ont l'un et
l'autre pour but d'assurer les différents services d'une école normale
et d'associer d'une façon plus intime les professeurs à l'œuvre d'instruction et d'éducation pédagogique que ces établissements poursuivent.

ART. 3 DU PROJET DE DÉCRET.

L'article 3 du projet est nouveau. Il peut et doit avoir une influence
considérable sur l'organisation des écoles normales. — Deux raisons
d'ordre différent ont déterminé le Conseil supérieur à l'adopter.

Les élèves-maîtres, vu leur âge, vu le petit nombre, et en raison
même de la carrière à laquelle ils se préparent, ne sauraient être
traités comme des élèves de lycée ou de collège. On ne peut songer à
les entourer de la surveillance constante et directe qui est nécessaire
à des enfants. Les écoles normales n'ont donc pas, comme les lycées,
un personnel spécial de surveillants. Un des avantages et une des
raisons de ce système est de préparer graduellement ces jeunes gens à
la vie de liberté qui les attend au sortir de l'école. Mais il en résulte
pour le directeur une responsabilité plus grande et la nécessité d'une
vigilance de tous les instants. Ce fonctionnaire suffirait difficilement a
sa tâche, s'il n'était secondé par quelques-uns des maîtres de l'établissement. Il est, en outre, d'une bonne pédagogie d'accoutumer les professeurs d'école normale à ne pas se considérer comme libres de toute
obligation envers l'école et envers leurs élèves, lorsqu'ils ont terminé

---

[1] Ce serait l'objet de l'article 4 bis du projet, p. 130.

leur classe. Il importe de les intéresser au travail des élèves pendant les heures d'études, à leurs jeux pendant les récréations et, d'une façon générale, à la discipline et à la bonne tenue de la maison. En les associant, dans une certaine mesure, à l'action du directeur, le Conseil supérieur a voulu les inviter à faire œuvre d'éducateurs. « La Commission a pensé, — disait au Conseil le rapporteur de ce projet, M. Lenient, — que cette collaboration à l'œuvre du directeur est une des parties les plus importantes de la tâche des maîtres. S'il appartient aux professeurs chargés de l'enseignement agricole, par exemple, de surveiller les travaux d'agriculture, aux maîtres des travaux manuels de diriger tous les exercices de l'atelier, aux professeurs de sciences, de littérature ou d'histoire de conduire les élèves dans les manufactures, les usines, les bibliothèques ou les musées, il n'est pas moins indispensable que certains professeurs, dont le nombre sera naturellement subordonné à l'importance de l'école, soient associés au directeur pour la surveillance et la direction de tous les services intérieurs, études, réfectoires, récréations, dortoirs, etc. Les élèves-maîtres, en effet, qui entrent dans les écoles normales à seize ans, au sortir de l'école primaire, ne sauraient être, en dehors des heures de classe, abandonnés à eux-mêmes. Ils ont besoin d'un guide, d'un ami, d'un maître qui préside à leurs études et puisse les aider dans leurs travaux personnels, qui profite des récréations, des promenades, pour les conseiller et les diriger en vue de leurs fonctions futures, qui travaille, en un mot, comme le directeur, à leur éducation générale et professionnelle. »

Le projet de décret dit : « un certain nombre de ces professeurs », et non pas tous. Il faut, en effet, que les auxiliaires du directeur soient choisis seulement parmi les plus capables et les mieux qualifiés, et c'est pour cela que le Ministre s'en est réservé le choix sur la proposition du Recteur. Ce droit de désignation permet au Ministre de limiter, autant qu'il le juge convenable, le nombre de ces auxiliaires et de restreindre ainsi la dépense dans de justes bornes.

Telle est la première et sans doute la principale raison qui a décidé le Conseil supérieur à introduire dans son projet l'article 3. Il y en a une seconde, qui est d'ordre financier. Mais, pour l'expliquer, il est nécessaire d'entrer dans quelques développements, qui se rapportent tout ensemble à l'article 3 et à l'article 4 du projet.

ART. 4 DU PROJET DE DÉCRET.
(ART. 82 ET 83 DE L'ARRÊTÉ DU 18 JANVIER 1887.)

Le but que poursuivent depuis plusieurs années l'Administration et le Conseil supérieur est que les écoles normales se suffisent à elles-mêmes, c'est-à-dire qu'avec le nombre de professeurs qui est attribué à chacune d'elles elles parviennent à donner tout l'enseignement, sans demander le concours de professeurs étrangers à l'école, comme cela s'est fait si longtemps pour les langues vivantes, le dessin, le chant et la gymnastique. Il y a à cela une raison d'économie et une raison pédagogique.

Ce but n'est pas encore atteint, mais on s'en rapproche chaque jour davantage, et l'on peut prévoir le moment où, si rien ne vient entraver les vues de l'Administration, les écoles normales pourront se passer des professeurs étrangers à l'établissement. Pour arriver à ce résultat, il a été institué, outre le certificat d'aptitude au professorat des lettres et des sciences, autant de certificats spéciaux qu'il y a de matières spéciales d'enseignement, et l'on a dit aux professeurs déjà pourvus du diplôme obligatoire : « Prenez l'un ou l'autre de ces nouveaux certificats; enseignez dans les écoles normales, outre les lettres et les sciences, quelqu'une de ces matières spéciales, et dispensez-nous de recourir à des maîtres externes qui coûtent fort cher et ne sont pas initiés à nos méthodes. » C'étaient de nouvelles études qu'on les invitait à faire et un nouvel examen, dont ils pouvaient se dispenser, qu'on leur demandait de subir. Pour les y encourager, le décret du 18 janvier 1887 porta (art. 116) que « les professeurs d'école normale, s'ils sont chargés de l'enseignement de l'une des matières accessoires énumérées à l'article 21 de la loi du 30 octobre 1886 et s'ils sont pourvus du certificat d'aptitude correspondant, reçoivent, outre leur traitement, une indemnité annuelle, non soumise à retenue » et l'arrêté du 13 mars 1888 fixa ainsi qu'il suit les taux de cette indemnité : langues vivantes, travail manuel et dessin, 300 francs; chant et musique, 200 francs; travail manuel dans les écoles normales d'institutrices, 150 francs; gymnastique, 100 francs. Le même arrêté décidait que le même professeur ne pourrait cumuler plusieurs de ces indemnités.

En présence de ces avantages attachés à la possession des diplômes spéciaux, un nombre croissant de professeurs se sont appliqués à les obtenir, et les maîtres externes disparaissaient peu à peu des écoles normales; une large économie était réalisée et la pédagogie y trouvait son compte. Malheureusement la loi du 19 juillet 1889 est muette sur ces allocations spéciales, et le Conseil supérieur, malgré son très vif désir de les maintenir, ne s'est pas cru en droit de les faire figurer dans son projet, du moins sous cette forme d'allocation proprement dite. Il a essayé de les rétablir sous une forme indirecte par une rédaction nouvelle des articles 2, 3 et 4 (voir cette rédaction pages 123 et 124 du premier fascicule distribué au Conseil d'État; elle est reproduite ci-après, p. 129).

L'Administration croit qu'il vaudrait mieux, — à moins d'impossibilité légale absolue, — revenir ouvertement au maintien pur et simple de l'allocation de 300 francs attachée aux certificats spéciaux dont il s'agit; c'est l'objet de la seconde rédaction de l'article 4 projetée par le Gouvernement à titre de retour au projet primitif, abandonné à regret par le Conseil supérieur par un scrupule purement juridique.

Le Conseil d'État a une délégation très étendue pour évaluer, dit la loi, non pas seulement le *taux* ou le *tarif*, mais le *mode* de rétribution des heures de service supplémentaires : il n'y a donc pas d'illégalité à adopter comme mode de rétribution un système qui, sous forme de prime payée en quelque sorte à forfait, permet à la fois une grande économie et une concentration du personnel, profitable aux bonnes études.

La suppression des diplômes spéciaux et de la prime annuelle de 300 francs qui en est à la fois l'encouragement et la rétribution à forfait serait extrêmement préjudiciable au service ; elle aurait des conséquences regrettables dont voici les principales :

1° Les professeurs qui, depuis 1887, jouissent de cette allocation supplémentaire s'en verront privés et seront lésés dans des droits acquis, alors que la loi du 19 juillet consolide et garantit tous les autres traitements. Et, à ce sujet, il n'est pas inutile de faire remarquer que la loi du 19 juillet, généreuse pour toutes les autres catégories de fonctionnaires, s'est montrée moins que libérale pour les professeurs d'école normale. Voilà pour le passé.

2° Pour l'avenir, il est certain que si l'allocation supplémentaire dont on parle n'est pas rétablie, — sous une forme ou sous une autre, — aucun *professeur* d'école normale ne recherchera plus l'un quelconque des diplômes spéciaux. Bien plus, ils s'en détourneront avec une sorte de répugnance. — Comment admettre, en effet, qu'un professeur, pourvu de son titre et de son emploi, consentira à travailler deux ou trois ans encore pour prendre un grade qui, ne lui rapportant aucun avantage, lui fera seulement imposer ou un surcroît de travail ou un travail moins conforme à ses goûts ? Pour ne citer qu'un exemple, comment admettre qu'un *professeur* recherchera le diplôme du travail manuel, quand il sait que, muni de ce diplôme, on l'obligera à devenir une sorte de maître ouvrier, enseignant à forger, à limer, à raboter, quand il pourrait enseigner tranquillement les mathématiques ou la physique ? Et ainsi des autres. — Les examens en vue des diplômes spéciaux seront désertés dès le lendemain de la publication du décret, si les intéressés ne conservent plus aucun espoir d'améliorer leur situation en les recherchant.

3° Les diplômes spéciaux disparaissant, il faudra recourir, comme par le passé, à des maîtres externes. Or, sans parler des inconvénients que présente ce système au point de vue pédagogique, la conséquence financière sera désastreuse. Prenons pour exemple les langues étrangères. Actuellement l'enseignement des langues étrangères dans une école normale, quand il y a, dans cette école, un professeur pourvu du certificat spécial pour l'allemand ou l'anglais, coûte 300 francs par an. C'est, on se le rappelle, le taux de l'indemnité attachée à la possession de ce diplôme. Or, le nombre des heures attribuées à cet enseignement est de 6 par semaine et même de 9, en y comprenant les exercices de conversation (arrêté du 10 juillet 1889). Admettons le chiffre minimum de 6 heures. Les leçons d'un professeur externe

se payent à raison de 150 francs l'heure. Ce professeur externe coûtera
donc à l'école 900 francs au moins ; d'où un surcroît de dépense de
600 francs pour une école normale; et, comme ces écoles sont au
nombre de 180 environ, c'est pour l'ensemble des écoles normales
une augmentation de dépense de 108,000 francs ! Et si l'on veut gé-
néraliser la question, voici quel sera le résultat de cette détestable
opération financière : il se donne, par semaine, dans chaque école
normale, 33 heures environ d'enseignement concernant les matières
spéciales, à savoir : 6 heures pour les langues vivantes, 9 heures pour
le travail manuel, 6 heures pour le chant, 3 heures pour le dessin
d'imitation, 9 heures pour la gymnastique. Supposons une école
normale qui se suffise à elle-même, c'est-à-dire dont les *professeurs*
de lettres et de sciences soient pourvus des diplômes spéciaux correspondant à ces diverses matières; l'allocation attachée à ces diplômes
étant :

Pour le diplôme de langues vivantes, de.............. 300[f]
Pour le diplôme du travail manuel, de............... 300
Pour le diplôme de dessin, de...................... 300
Pour le diplôme du chant et musique, de............ 200
Pour le diplôme de gymnastique, de............... 100

le total de la dépense sera de........................... 1,200

Supposons maintenant une école normale obligée de recourir pour
tous ces enseignements à des professeurs externes. La dépense sera :

Pour les langues vivantes.......... 900[f] chiffre minimum
Pour le travail manuel........... 900 ————————
Pour le chant et la musique........ 900 ————————
Pour le dessin d'imitation.......... 450 ————————
Pour la gymnastique............. 900 ————————

AU TOTAL......... 4,050

D'où une différence de 2,850 francs qui, multipliée par 180, nombre des écoles normales, donne le total de 513,000 francs !
Qu'on réduise, pour être exact, ce chiffre total d'une centaine de
mille francs environ, résultant de ce que, dans un certain nombre de
cas, il faudra ajouter aux 300 francs ci-dessus le prix d'une heure ou
deux, si le professeur a déjà fourni son contingent maximum et a
droit à un supplément pour heures supplémentaires. Il n'en restera
pas moins que la suppression des allocations attachées à la possession des diplômes spéciaux, ce qui revient à la suppression de ces
diplômes eux-mêmes, mettra à la charge de l'État une dépense annuelle de plus de 400,000 francs.
Le Gouvernement croit donc qu'il serait du plus grand intérêt de
s'opposer à cette suppression qui ne résulterait que d'un excès de
rigueur dans l'interprétation de la loi ou plutôt du silence de la

loi. Et c'est dans l'espoir que le Conseil d'État approuvera cette solution qu'il propose la rédaction nouvelle de l'article 4 qui n'est que le rétablissement de l'arrêté du 13 mars 1888.

Subsidiairement et dans le cas où il serait impossible de faire prévaloir cette interprétation, il y aurait lieu d'accepter la combinaison proposée par le Conseil supérieur : elle atténuerait le mal, s'il est impossible de le conjurer. Elle consisterait à rétablir par une voie indirecte tout ou partie de la prime des diplômes spéciaux. Pour cela, l'article 4 disposerait qu'un certain nombre de professeurs pourront être associés à la direction de l'école et recevoir une indemnité de 150 francs par heure s'ils ont un des diplômes spéciaux, de 100 francs seulement dans le cas contraire; d'où en fait une légère majoration en faveur des porteurs de ces diplômes. Cette majoration se justifie d'elle-même puisque ces maîtres sont ceux qui joignent à leur titre de *professeurs* ordinaires de l'école la garantie d'aptitudes spéciales qui ne peuvent qu'accroître leur autorité et multiplier leurs moyens d'action sur les élèves. Par une mesure d'ordre financier, en même temps qu'on réserve au Ministre la fixation du nombre d'heures, on limite la dépense à 500 francs pour couper court à des abus possibles.

Sans insister davantage sur la valeur respective de ces deux solutions, il nous reste à expliquer comment dans tous les cas il y a lieu de prévoir un certain nombre d'heures supplémentaires dans les écoles normales, quelques efforts que fasse l'Administration pour les faire disparaître du budget.

D'après l'arrêté du 10 janvier 1889, qui fixe le nombre des matières d'enseignement et le temps qu'il faut consacrer à chacune d'elles, le nombre total des heures d'enseignement est de *105* dans les écoles normales d'instituteurs et de *91* dans les écoles normales d'institutrices. Or, l'article 1er du projet de décret règle ainsi qu'il suit le temps que doit le personnel enseignant attaché spécialement à chaque école :

ÉCOLES NORMALES DE PLUS DE 60 ÉLÈVES.

INSTITUTEURS.		INSTITUTRICES.	
1 directeur...............	7h	1 directrice...............	7h
5 professeurs, à 16 heures l'un.	80	5 professeurs, à 16 heures l'une.	80
1 économe...............	5	1 économe...............	5
1 professeur départemental d'agriculture............... dont 6 h. d'exercices pratiques.	8	TOTAL..........	92
TOTAL..........	100		

ÉCOLES NORMALES DE MOINS DE 60 ÉLÈVES.

INSTITUTEURS.		INSTITUTRICES.	
1 directeur...............	7h	1 directrice...............	7h
4 professeurs, à 18 heures l'un.	72	4 professeurs, à 18 heures l'une.	72
1 professeur d'agriculture.....	8	TOTAL..........	79
TOTAL..........	87		

D'où il suit : 1° que, dans les écoles normales d'instituteurs de plus de 60 élèves, le nombre des heures supplémentaires à demander au personnel enseignant serait de 5, et que, dans les écoles normales d'institutrices de la même catégorie, le nombre des heures d'enseignement et le nombre des heures dues par le personnel enseignant sont sensiblement les mêmes ; 2° que, dans les écoles normales d'instituteurs de moins de 60 élèves, il pourrait y avoir 18 heures supplémentaires et 12 dans les écoles normales d'institutrices de la même catégorie. Mais il convient de remarquer, d'une part, qu'il sera nécessaire, au moins pendant quelque temps encore, de recourir aux professeurs externes pour certains enseignements, tels que la musique et le dessin d'imitation, et, d'autre part, qu'il est très possible de réunir deux divisions d'élèves en un seul groupe pour leur donner en commun l'enseignement de diverses matières, telles que le chant, le travail manuel, etc. Pour ces deux raisons, le nombre des heures supplémentaires pourra être notablement réduit ; mais il ne peut disparaître et il fallait régler la rémunération : c'est ce que fait l'article 4 du projet dans les deux rédactions.

Section II. — Écoles primaires supérieures.

L'article 5 fixe à 30 par semaine le nombre des heures d'enseignement exigible des maîtres des écoles primaires supérieures.

On a cru devoir demander au personnel enseignant de ces établissements le même nombre d'heures qu'aux maîtres des écoles primaires élémentaires.

L'article 6 établit que les maîtres de ces établissements ne peuvent être chargés de la surveillance des études rétribuées qu'après entente avec le directeur au sujet de la rémunération de ce service.

L'article 7 contient une disposition analogue au sujet des services relatifs à l'internat. Ces dispositions, empruntées à un arrêté du 29 décembre 1888, ont pour objet de prévenir de nombreuses difficultés qui se produiraient dans la pratique entre les directeurs et le personnel enseignant placé sous leurs ordres.

L'article 8 fixe le taux de rétribution des heures supplémentaires dans les écoles primaires supérieures, par analogie avec la rémunération de ce travail dans les écoles normales.

L'article 9 indique la marche à suivre pour l'attribution régulière de la rémunération des maîtres. Afin de prévenir des abus possibles, il établit que ces heures ne pourront être rétribuées aux professeurs que par décision ministérielle spéciale prise sur la proposition du Préfet et après avis conforme de l'inspecteur d'Académie.

Section III. — Écoles nationales professionnelles.

L'article 10 fixe le nombre d'heures des maîtres des trois écoles nationales professionnelles et l'article 11 rend applicables à ces établissements les articles 2, 3 et 4 du projet. Les classes des écoles nationales professionnelles étant très nombreuses, on a cru devoir assimiler les professeurs aux professeurs des écoles normales comptant plus de 60 élèves.

———

Pour permettre la comparaison des textes et l'examen des conséquences financières des diverses rédactions, on croit devoir donner ci-dessous in-extenso le texte des articles des arrêtés du 18 janvier 1887, 24 juillet 1888 et 10 janvier 1889 que modifierait ou que compléterait le projet de décret :

EXTRAITS DE L'ARRÊTÉ ORGANIQUE DU 18 JANVIER 1887,

MODIFIÉ PAR LES ARRÊTÉS DU 24 JUILLET 1888 ET DU 10 JANVIER 1889.

(ART. 96-101.)

———

. . . .

« Art. 71. Indépendamment de la direction matérielle et morale de l'établissement et de la surveillance de l'enseignement, le directeur est chargé des conférences pédagogiques, ainsi que des cours de pédagogie et de morale.

Tous les trois mois au moins, il réunit en conseil, sous sa présidence, les professeurs et maîtres adjoints et examine avec eux toutes les questions qui intéressent l'enseignement et la discipline.

. . . .

« ART. 79. Le nombre maximum d'heures d'enseignement exigible des professeurs et maîtres attachés à l'école est fixé ainsi qu'il suit :

1° Dans les écoles recevant plus de 60 élèves :

Professeurs et maîtres délégués chargés de l'enseignement des lettres, ou de l'enseignement des mathématiques : seize heures ;

Professeurs et maîtres délégués chargés de l'enseignement des sciences physiques et naturelles : quatorze heures ;

Directeur de l'école annexe : trente heures ;

Économe : huit heures ;

2° Dans les écoles recevant 60 ou moins de 60 élèves :

Professeurs et maîtres délégués chargés de l'enseignement des lettres ou de l'enseignement des mathématiques : dix-huit heures ;

Professeurs et maîtres délégués chargés de l'enseignement des sciences physiques et naturelles : seize heures ;

Directeur de l'école annexe : trente heures ;

Économe : huit heures.

« ART. 80. L'enseignement du dessin et l'enseignement du travail manuel sont rattachés à l'enseignement des sciences.

17

« ART. 81. Dans les heures d'enseignement imposées à chaque maître peut être compris, outre les heures affectées aux classes ordinaires, le temps réservé pour les conférences faites aux élèves ou les répétitions que le recteur juge utile d'instituer avec l'approbation du Ministre.

« Les professeurs et maîtres délégués sont tenus, en dehors des heures d'enseignement, de diriger les promenades, de surveiller les travaux d'agriculture et d'horticulture et, s'il y a lieu, les travaux manuels, ainsi que de participer à la direction des services intéressant les études et la discipline, aux examens et aux conférences pédagogiques aux jours et heures fixés par le directeur, sans que toutefois l'ensemble de ces obligations accessoires puisse dépasser en moyenne trois heures par semaine.

« ART. 82. Chaque heure supplémentaire qui pourra être demandée aux professeurs et maîtres délégués, en dehors du nombre d'heures réglementaires déterminé par l'article 79 et des limites fixées par l'article 81 ci-dessus, donne droit à une allocation annuelle, non soumise à retenue et calculée à raison de 150 francs par an pour une heure par semaine pour l'enseignement des lettres, des mathématiques, des sciences physiques et naturelles, des langues vivantes, du dessin et du travail manuel, et à raison de 100 francs pour les autres matières.

« ART. 83. Sur la proposition du recteur, le Ministre fixe, par une décision spéciale, le nombre d'heures supplémentaires qu'il y a lieu d'attribuer à chacun des professeurs ou maîtres.

« ART. 96. L'enseignement, dans les écoles normales d'instituteurs et d'institutrices, est donné conformément aux programmes annexés au présent arrêté.

« ART. 97 [1]. La répartition des matières d'enseignement dans les écoles normales sera faite de telle sorte que les heures de classe de chaque année n'excèdent pas en moyenne le total de vingt-cinq heures par semaine pour les écoles normales d'instituteurs et vingt-deux heures pour les écoles normales d'institutrices. Sur ce temps, il sera donné à l'enseignement littéraire quinze heures en première année, treize heures en deuxième et douze heures en troisième année dans les

---

[1]. Cette rédaction est celle qui, après avis du Conseil supérieur dans sa session de juillet 1888, a été substituée à la rédaction primitive du décret du 18 janvier 1887, qui contenait un emploi du temps par semaine. La nouvelle rédaction comporte « une diminution, pour les écoles normales d'instituteurs, de quatre heures de classe par semaine en première et en deuxième année, de trois heures en troisième; pour les écoles normales d'institutrices, de quatre heures également en première et en deuxième année, de deux heures en troisième ». (Rapport de M. Lenient, 14 novembre 1888. Fascicule du Musée pédagogique, nᵒ 81, page 39.)

écoles normales d'instituteurs et d'institutrices ; le reste du temps sera
affecté à l'enseignement scientifique et au dessin.

« Art. 98. Des heures réservées au travail, cinq au moins seront
employées chaque jour au travail personnel, aux lectures et à la préparation des classes en étude.

Aucun cours n'aura lieu le dimanche, non plus que dans l'après-
midi du jeudi.

« Art. 99. Les élèves de deuxième et de troisième année sont fré-
quemment exercés, soit en classe, soit dans des conférences, à l'enseignement oral sur chacune des matières du programme d'études.
Sous la direction de leur professeur, ils rendent compte d'une leçon
ou d'une lecture, expliquent un texte français, corrigent un devoir,
exposent une question du cours ou les résultats d'un travail personnel.

Les élèves de troisième année font, en outre, à tour de rôle, des
leçons devant leurs professeurs et les élèves-maîtres. La leçon dure
une demi-heure au plus. Elle porte sur un sujet d'enseignement ou
de méthode choisi par l'élève et agréé par le directeur ou la directrice.
Elle donne lieu, de la part des élèves, à des observations critiques,
qui sont complétées ou rectifiées par les professeurs, le directeur ou
la directrice.

« Art. 101. Dans toute école normale, soit d'instituteurs, soit d'institutrices, il est donné huit heures au moins au sommeil, en toute
saison.

Sur les heures de la journée, cinq environ sont employées aux
soins de propreté, repas, récréations et exercices corporels.

« ARRÊTÉ DU 10 JANVIER 1889.

*relatif à l'emploi du temps, à la répartition des matières d'enseignement
et aux programmes d'études dans les écoles normales primaires.*

(Extrait.)

« Le Ministre de l'Instruction publique et des Beaux-Arts,

« Vu l'arrêté organique des 18 janvier 1887 et 24 juillet 1888 ;

« Vu les articles 96, 97, 98, 99, 100 et 101 dudit arrêté ;

« Le Conseil supérieur de l'Instruction publique entendu,

« Arrête :

« Art. 1er. La répartition des matières d'enseignement dans les
écoles normales d'instituteurs et d'institutrices est réglée, par année
et par cours, conformément aux deux tableaux A et B ci-annexés
(annexes A et B).

« Signé : É. LOCKROY.

«PROGRAMMES DES ÉCOLES NORMALES PRIMAIRES.

«TABLEAUX DE LA RÉPARTITION DES MATIÈRES D'ENSEIGNEMENT.

ANNEXES A ET B.

« TABLEAU A
*pour servir de modèle à la répartition des matières d'enseignement
dans une école normale d'instituteurs.*

MATIÈRES DE L'ENSEIGNEMENT.	TOTAL DES HEURES PAR SEMAINE.		
	1ʳᵉ année.	2ᵉ année.	3ᵉ année.
	heures.	heures.	heures.
ENSEIGNEMENT LITTÉRAIRE.			
Psychologie, morale, pédagogie..	2	2	2
Langue et littérature françaises	5	4	4
Histoire et instruction civique	3	3	3
Géographie	1	1	1
Écriture	2	1	"
Langues vivantes	2	2	2 (1)
Total des heures de l'enseignement littéraire	15	13	12
ENSEIGNEMENT SCIENTIFIQUE.			
Mathématiques	3	4	4
Physique et chimie	2	2	3
Sciences naturelles et hygiène	1	1	1 (2)
Dessin et modelage	4	4	4
Agriculture théorique	"	1	1
Total des heures de l'enseignement scientifique	10	12	13
Travaux manuels et agricoles	5	5	5
Exercices gymnastiques et militaires	3	3	3
Chant et musique	2	2	2

(1) Il a été décidé en Conseil supérieur qu'il y aurait, outre ces deux heures de classe, une heure prélevée sur les études ou le temps libre et qui serait consacrée (dans chaque année) à des exercices de conversation.

(2) L'hygiène et la géologie, en 3ᵉ année, ne prendront ensemble qu'une heure. — Hygiène : 20 leçons.

« Tableau B

pour servir de modèle à la répartition des matières d'enseignement dans une école normale d'institutrices.

MATIÈRES DE L'ENSEIGNEMENT.	TOTAL DES HEURES PAR SEMAINE.		
	1ʳᵉ année.	2ᵉ année.	3ᵉ année.
	heures.	heures.	heures.
ENSEIGNEMENT LITTÉRAIRE.			
Psychologie, morale, pédagogie, etc.........	2	2	2
Langue et littérature françaises.............	5	4	4
Histoire et instruction civique..............	3	3	3
Géographie................................	1	1	1
Écriture..................................	2	1	//
Langues vivantes..........................	2	2	2 (1)
Total des heures de l'enseignement littéraire...................	15	13	12
ENSEIGNEMENT SCIENTIFIQUE.			
Mathématiques...........................	2	2	2
Physique.................................	//	1	1
Chimie..................................	//	1	1
Sciences naturelles et hygiène..............	1	1	1
Économie domestique......................	//	//	1
Dessin...................................	4	4	4
Total des heures de l'enseignement scientifique..................	7	9	0
Travaux de couture.......................	3	2	2
Travaux du ménage et du jardin...........	2	2	2
Gymnastique.............................	2	2	2
Chant et musique.........................	2	2	2

(1) En plus de ces deux heures, le Conseil supérieur a décidé qu'il y aurait une heure prélevée sur les études et qui serait consacrée à des exercices de conversation.

PROJET DE DÉCRET

portant règlement d'administration publique sur le nombre des heures de service exigées du personnel des écoles normales et des écoles nationales professionnelles, ainsi que sur le mode de rétribution des heures de service supplémentaires.

———

Le Président de la République française,

Sur le rapport du Ministre de l'Instruction publique et des Beaux-Arts ;

Vu la loi du 19 juillet 1889, et notamment l'article 48, § 13, ainsi conçu : « Il est statué par des règlements d'administration publique rendus après avis du Conseil supérieur de l'Instruction publique, et, en outre, s'il s'agit de l'enseignement agricole, après avis du Conseil supérieur de l'agriculture, et, s'il s'agit de l'enseignement industriel et commercial, après avis du Conseil supérieur de l'enseignement technique. . . . . ; 13° Sur le nombre des heures de service exigées du personnel (professeurs, maîtres adjoints délégués, directeurs d'écoles annexes, maîtres auxiliaires, économes, etc.) dans les écoles normales, les écoles nationales professionnelles et les écoles primaires supérieures ; sur le mode de rétribution des heures de service supplémentaires » ;

Vu la loi du 30 octobre 1886 sur l'organisation de l'enseignement primaire ;

Vu les règlements organiques du 18 janvier 1887 ;

Vu l'avis du Conseil supérieur de l'Instruction publique en date du 8 novembre 1889 ;

Le Conseil d'État entendu,

Décrète :

SECTION I.

ÉCOLES NORMALES PRIMAIRES.

Art. 1 [1]. Dans les écoles normales, le nombre maximum d'heures d'enseignement exigible des professeurs, maîtres adjoints et délégués est fixé par semaine ainsi qu'il suit :

1° Dans les écoles normales dont l'effectif ne dépasse pas 60 élèves :

———

[1] Cet article remplacerait l'article 79 de l'arrêté du 18 janvier 1887, voir ci-dessus, p. . . . .

Professeurs et maîtres chargés de l'enseignement des lettres, de l'enseignement des mathématiques ou des sciences physiques et naturelles : dix-huit heures.

Directeurs et directrices des écoles annexes : trente heures.

2° Dans les écoles normales comptant plus de 60 élèves :

Professeurs et maîtres chargés de l'enseignement des lettres, de l'enseignement des mathématiques ou des sciences physiques et naturelles : seize, heures.

Directeurs, directrices, adjoints et adjointes des écoles annexes : trente heures.

Économe, chargé de l'enseignement de l'écriture et de la tenue des livres : cinq heures.

Art. 2 [1]. Dans les heures d'enseignement dues par chaque maître peut être compris, outre les heures affectées aux classes ordinaires, le temps réservé pour les conférences faites aux élèves ou les répétitions que le Recteur juge utile d'instituer avec l'approbation du Ministre.

Les professeurs, maîtres adjoints et maîtres délégués sont également tenus, chacun en ce qui concerne son enseignement, de diriger les promenades scientifiques, les visites aux établissements artistiques et industriels, les herborisations, etc.; de surveiller les exercices pratiques d'agriculture et d'horticulture et les travaux manuels. Tous sont tenus, en outre, de prendre part aux examens de passage et d'admission.

Art. 3 [2]. Un certain nombre de professeurs peuvent être désignés par le Recteur, avec l'approbation du Ministre, pour participer à la direction générale de l'école en ce qui intéresse les études, la discipline et l'éducation des élèves-maîtres.

Sur la proposition du Recteur, le Ministre fixe par décision spéciale le nombre d'heures supplémentaires à attribuer à chaque maître.

Art. 4 [2]. Chaque heure supplémentaire qui pourra être demandée en dehors du nombre d'heures réglementaires déterminé par les articles 1 et 2 donne droit à une allocation annuelle non soumise à retenue et calculée, pour une heure par semaine, d'après les indications du tableau ci-après :

---

[1] Cet article remplacerait l'article 81 de l'arrêté du 18 janvier. (Voir ci-dessus, p. 122).

[2] Ces articles remplaceraient les articles 82 et 83 de l'arrêté du 18 janvier. Voir ci-dessus, p. 122),

HEURES SUPPLÉMENTAIRES.	PROFESSEURS TITULAIRES ou délégués.	PROFESSEURS TITULAIRES munis en outre d'un des certificats spéciaux pour les enseignements accessoires.
Pour l'enseignement des lettres, de l'histoire et géographie, des mathématiques, des sciences physiques et naturelles.........	150^f	150^f
Pour l'enseignement des langues vivantes, du dessin, du chant, de la gymnastique, des travaux manuels	100	150
Pour le service de la surveillance, de la discipline et la participation à la direction générale de l'école..................	100	150
	sans que le total puisse excéder le chiffre de 500 francs.	

AUTRE RÉDACTION DE L'ARTICLE 4 PROPOSÉE PAR LE GOUVERNEMENT. — Chaque heure supplémentaire demandée en dehors du nombre d'heures réglementaire déterminé par les articles 1 et 2 donne droit à une allocation annuelle non soumise à retenue et calculée à raison de 150 francs par an pour une heure par semaine pour l'enseignement des lettres, de l'histoire et de la géographie, des mathématiques, des sciences physiques et naturelles, à 100 francs par an pour toutes les autres matières.

En outre, les maîtres munis du certificat d'aptitude au professorat des lettres ou des sciences continueront de recevoir, s'ils sont pourvus d'un des diplômes spéciaux ci-dessous désignés et s'ils sont chargés en tout ou partie de l'enseignement correspondant, l'allocation annuelle attachée à la possession de ce diplôme, savoir :

Certificat d'aptitude à l'enseignement des langues vivantes... 300^f

Certificat d'aptitude à l'enseignement du travail manuel (écoles normales d'instituteurs). 300

Certificat d'aptitude à l'enseignement du dessin............ 300

Certificat d'aptitude à l'enseignement du chant et de la musique.. 200

Certificat d'aptitude à l'enseignement de la gymnastique. ... 100

Le même professeur ne peut cumuler plusieurs de ces indemnités.

18

ART. 4 *bis*. Les directeurs d'écoles annexes pourvus du certificat d'aptitude à l'inspection recevront un traitement supplémentaire de *300* francs. Ils auront droit, en outre, à une indemnité de *300* francs, s'ils ne sont pas logés dans l'école normale.

SECTION II.
ÉCOLES PRIMAIRES SUPÉRIEURES.

ART. 5. Le nombre maximum d'heures de service (enseignement et surveillance) exigible des professeurs, instituteurs adjoints et institutrices adjointes des écoles primaires supérieures est fixé à trente heures par semaine.

ART. 6 [1]. Les professeurs, instituteurs adjoints et institutrices adjointes des écoles primaires supérieures ne peuvent être chargés de la surveillance des études rétribuées qu'après entente avec le directeur, au sujet de la rémunération de ce service, sous réserve de l'approbation de l'inspecteur d'académie.

ART. 7 [1]. Aucun des services relatifs à l'internat ne peut être imposé aux professeurs, instituteurs adjoints et institutrices adjointes des écoles primaires supérieures.

L'inspecteur d'académie peut autoriser un ou plusieurs maîtres à se charger de services supplémentaires en dehors des heures des classes moyennant une rémunération ou en échange d'avantages consentis par le directeur.

ART. 8. Les taux de rétribution des heures supplémentaires d'enseignement sont fixés, pour les écoles primaires supérieures, comme il suit :

A 150 francs par an pour une heure par semaine pour l'enseignement des lettres, de l'histoire et de la géographie, des mathématiques, des sciences physiques et naturelles, des langues vivantes, du dessin, du travail manuel, et à raison de 100 francs pour les autres matières.

ART. 9. Aucune heure supplémentaire d'enseignement ne peut être attribuée aux professeurs et maîtres des écoles primaires supérieures que par une décision ministérielle spéciale prise sur la proposition du préfet et après avis conforme de l'inspecteur d'Académie.

Tous les ans chaque directeur d'école primaire supérieure règle la répartition des heures d'enseignement entre les différents maîtres attachés à son école. Ce règlement est exécutoire après approbation de l'inspecteur d'Académie [2].

---

[1] Les articles 6 et 7 reproduisent le texte des articles 9 et 10 de l'arrêté du 29 décembre 1888 portant règlement modèle pour les écoles primaires supérieures publiques.

[2] Ce second paragraphe est la reproduction littérale de l'article 10 du décret du 29 octobre 1881. Il se rapporte à une mesure d'ordre qu'il peut y avoir quelque intérêt et qu'il n'y a sûrement nul inconvénient à insérer dans le règlement d'administration publique.

SECTION III.

ÉCOLES NATIONALES PROFESSIONNELLES.

Art. 10. Dans les écoles nationales professionnelles, le nombre maximum d'heures d'enseignement exigible des professeurs et maîtres délégués est fixé par semaine ainsi qu'il suit :

Professeurs et maîtres chargés de l'enseignement des lettres, de l'enseignement des mathématiques ou des sciences physiques et naturelles : seize heures.

Directeurs, directrices, adjoints et adjointes des écoles annexes : trente heures.

Art. 11. Sont applicables aux écoles nationales professionnelles les articles 2, 3 et 4 ci-dessus.

Art. 12. Sont rapportées toutes les dispositions antérieures contraires au présent décret.

Art. 13. Le Ministre de l'Instruction publique et des Beaux-Arts est chargé de l'exécution du présent décret.

Article additionnel (*proposé par le Gouvernement*). Le chiffre de l'allocation prévue par l'article 15 de la loi du 19 juillet 1889 pour les maîtres auxiliaires dans les écoles primaires supérieures est fixé par le Ministre, après avis du Conseil départemental [1].

Dans les écoles placées sous le régime de la loi du 11 décembre 1880 et du règlement du 17 mars 1888, le chiffre de l'allocation due aux maîtres auxiliaires visés par l'article 12 dudit règlement sera fixé par le Ministre, après avis de la commission de surveillance et de perfectionnement de l'école..

Pour le personnel ouvrier visé à l'article 13 du règlement du 17 mars 1888, la rémunération sera fixée par le maire, après avis de la commission de surveillance.

---

[1] Cette disposition remplacerait les articles 8 et 9 du décret du 29 octobre 1881, ainsi conçus :

Art. 8. Les professeurs spéciaux de langues vivantes, de dessin et d'agriculture attachés aux écoles primaires supérieures reçoivent une indemnité annuelle non soumise à retenue et calculée d'après le nombre d'heures d'enseignement qu'ils donnent chaque semaine à l'école. Cette indemnité peut varier de 100 à 200 francs pour chaque heure d'enseignement par semaine; le montant en est fixé par le préfet sur l'avis du Conseil départemental et sauf approbation du Ministre.

Art. 9. Les auxiliaires chargés de l'enseignement de la gymnastique et de la direction des travaux manuels dans les écoles primaires supérieures reçoivent, dans les conditions spécifiées à l'article 8, une indemnité annuelle qui peut varier de 50 à 100 francs.

18.

PROJET DE DÉCRET

*portant règlement d'administration publique sur l'enseignement
de l'agriculture dans les écoles primaires supérieures* [1].

LE PRÉSIDENT DE LA RÉPUBLIQUE FRANÇAISE,

Sur le rapport du Ministre de l'Instruction publique et des Beaux-Arts, du Ministre du Commerce et de l'Industrie et du Ministre de l'Agriculture;

Vu l'article 10 de la loi du 16 juin 1879, relative à l'enseignement départemental et communal de l'agriculture;

Vu la loi du 11 décembre 1880;

Vu la loi du 30 octobre 1886, sur l'organisation de l'enseignement primaire;

Vu l'article 48 de la loi du 19 juillet 1889, sur les dépenses ordinaires de l'instruction primaire publique et notamment les paragraphes 18 et 19;

Vu le décret et l'arrêté du 18 janvier 1887 et le règlement d'administration publique du 17 mars 1888;

Vu l'avis du Conseil supérieur de l'Instruction publique en date du 8 novembre 1889, l'avis du Conseil supérieur de l'enseignement technique en date du 17 janvier 1890, et l'avis du Conseil supérieur de l'Agriculture en date du 13 décembre 1889;

Le Conseil d'État entendu,

DÉCRÈTE :

TITRE Iᵉʳ.

DES COURS D'AGRICULTURE
DANS LES ÉCOLES PRIMAIRES SUPÉRIEURES
DÉPOURVUES D'ENSEIGNEMENT PROFESSIONNEL.

ART. 1ᵉʳ. Lorsqu'un conseil municipal demande à établir dans l'école primaire supérieure de la commune un cours d'agriculture, d'horticulture ou de technologie agricole, il prend, à cet effet, une délibération que le préfet, après avoir consulté l'inspecteur d'académie et le professeur d'agriculture du département, soumet au conseil départemental de l'Instruction publique.

---

[1] L'exposé des motifs de ce projet sera produit ultérieurement.

La décision de ce conseil est transmise au Ministre de l'Instruction publique qui statue sur l'avis conforme du Ministre de l'Agriculture.

ART. 2. Le programme des cours ainsi que le tableau de l'emploi du temps déterminant la part faite à cet enseignement sont dressés par le comité de patronage et ne deviennent exécutoires qu'après avoir reçu l'approbation des deux Ministres de l'Agriculture et de l'Instruction publique.

ART. 3. Les cours d'agriculture, d'horticulture ou de technologie agricole dans les écoles primaires supérieures sont faits soit par des maîtres adjoints attachés à l'école, soit par des maîtres spéciaux.

Dans l'un et l'autre cas, ces maîtres devront justifier des connaissances et des aptitudes nécessaires pour cet enseignement.

Un arrêté ultérieur pris par le Ministre de l'Agriculture, après entente avec le Ministre de l'Instruction publique, réglera les titres à produire ou les conditions de capacité à remplir.

ART. 4. Les maîtres adjoints auxquels est confié l'enseignement de l'agriculture et de l'horticulture doivent remplir les conditions prévues par l'article 24 de la loi du 30 octobre 1886.

Leur situation est réglée : 1° quant à leur nomination, par l'article 28 de la loi du 30 octobre 1886; 2° quant à leur traitement, par les articles 2 et 15, § 1, 2 et 3 de la loi du 19 juillet 1889.

Une indemnité annuelle non soumise à retenue et fixée à 300 francs est allouée, en outre, aux maîtres adjoints qui justifient soit du diplôme de l'Institut national agronomique, soit de celui d'une des écoles nationales d'agriculture.

ART. 5. Les maîtres spéciaux chargés dans les écoles primaires supérieures de l'enseignement agricole sont nommés ou délégués par arrêtés du Ministre de l'Instruction publique, pris sur l'avis conforme du Ministre de l'Agriculture.

Ils reçoivent du Ministère de l'Instruction publique une allocation calculée sur le pied de 150 à 200 francs par an pour chaque heure d'enseignement par semaine. Cette allocation, dont le taux est fixé pour chaque maître par l'arrêté de nomination, n'est pas soumise à retenue.

ART. 6. Les maîtres spéciaux dont il est question à l'article précédent peuvent être chargés par le Ministre de l'Agriculture, après avis du Ministre de l'Instruction publique, d'un cours public, ou de conférences ou de toute autre fonction de leur compétence. Il leur est alors alloué, sur les fonds du Ministère de l'Agriculture, une indemnité complémentaire, non soumise à retenue, dont le chiffre est, pour chaque cas, déterminé par arrêté du Ministre de l'Agriculture.

ART. 7. Les dépenses afférentes à l'acquisition ou à la location, la culture et l'entretien des jardins et des champs d'expériences sont à la charge des communes.

ART. 8. Le Ministre de l'Agriculture peut allouer aux communes, dans la limite de ses crédits annuels et après entente avec le Ministre de l'Instruction publique, des subventions particulières pour les dépenses résultant de l'organisation de l'enseignement agricole dans les écoles primaires supérieures.

ART. 9. Les maîtres adjoints et les maîtres spéciaux chargés de l'enseignement agricole dans les écoles primaires supérieures sont pour tout ce qui concerne cet enseignement soumis à l'inspection et à la surveillance des inspecteurs du Ministère de l'Agriculture.

TITRE II.

DES COURS D'AGRICULTURE
DANS LES ÉCOLES PRIMAIRES SUPÉRIEURES
AYANT UN ENSEIGNEMENT PROFESSIONNEL
(INDUSTRIEL OU COMMERCIAL).

ART. 10. Dans les écoles primaires supérieures placées sous le régime de la loi du 11 décembre 1880 et du règlement d'administration publique du 17 mars 1888, il peut être institué des cours d'agriculture, d'horticulture ou de technologie agricole.

Toutes les prescriptions du titre Ier ci-dessus sont applicables, sous réserve de l'avis conforme du Ministre du Commerce et de l'Industrie qui devra être joint aux décisions prévues par les articles 1, 2 et 5.

TITRE III.

ÉCOLES PRIMAIRES SUPÉRIEURES DONNANT L'ENSEIGNEMENT
PROFESSIONNEL AGRICOLE.

CHAPITRE Ier.

CRÉATION. — ORGANISATION.

ART. 11. Les écoles d'enseignement primaire supérieur ou complémentaire comprenant des cours ou des classes d'enseignement professionnel agricole sont placées sous la double autorité du Ministre de l'Instruction publique et du Ministre de l'Agriculture, lorsqu'elles sont fondées et entretenues par l'État, par les départements ou par les communes.

ART. 12. Lorsqu'un conseil général veut fonder, avec ou sans le concours des communes, un des établissements désignés dans l'article 11, il prend une délibération spéciale dans laquelle il indique les dépenses d'installation et d'entretien qui seront à la charge du département.

Le préfet, après avoir pris l'avis de l'inspecteur d'académie et d'un délégué du Ministre de l'Agriculture, saisit le conseil départemental. La décision de ce conseil est soumise au Ministre de l'Instruction publique, qui statue sur l'avis conforme du Ministre de l'Agriculture.

ART. 13. Le projet de construction, d'acquisition ou d'appropriation de l'immeuble destiné à l'école départementale, ainsi que les plans et devis adoptés par le conseil général, sont approuvés par le Ministre de l'Instruction publique, après avis conforme du Ministre de l'Agriculture.

Si la dépense d'installation doit être couverte par un emprunt, la subvention de l'État est accordée par le Ministre de l'Instruction publique, conformément à la loi du 20 juin 1885.

ART. 14. Lorsque la création de l'établissement est demandée par une commune, le conseil municipal prend une délibération spéciale qui doit contenir les engagements déterminés par le troisième paragraphe de l'article 5 de la loi du 19 juillet 1889, l'énumération exacte des dépenses d'installation et d'entretien qui seront à la charge de la commune, ainsi que l'indication des ressources qu'elle veut y affecter. Le préfet, après avoir pris l'avis de l'inspecteur d'académie et du délégué du Ministre de l'Agriculture, saisit le conseil départemental.

La décision de ce conseil est soumise au Ministre de l'Instruction publique, qui statue sur l'avis conforme du Ministre de l'Agriculture.

ART. 15. Lorsque la création de l'établissement a été décidée, il est procédé conformément aux articles 6 et suivants du chapitre 1ᵉʳ du décret du 7 avril 1887, si l'établissement est fondé par une seule commune, et, dans le cas contraire, conformément aux articles 32 et suivants du chapitre II du même décret.

Dans tous les cas où, d'après les articles susindiqués, l'avis de l'inspecteur d'académie est demandé, il y a lieu de consulter également le délégué du Ministre de l'Agriculture.

La subvention accordée en vertu de la loi du 20 juin 1885 et du décret du 15 février 1886 ne peut jamais dépasser, pour les écoles professionnelles de toute nature, le maximum prévu par ladite loi pour les écoles primaires supérieures.

ART. 16. La commission de surveillance et de perfectionnement prévue par l'article 5 de la loi du 11 décembre 1880 comprend : 1° si l'établissement est départemental, le préfet, *président;* deux membres du conseil général élus par cette assemblée, trois membres choisis par le conseil général parmi les agriculteurs; 2° si l'établissement est communal, le maire, *président;* deux conseillers municipaux élus par le conseil, trois membres choisis par le conseil municipal parmi les agriculteurs.

Chaque commission comprend, en outre, un représentant du Ministre de l'Instruction publique et un représentant du Ministre de l'Agriculture.

ART. 17. La commission de surveillance et de perfectionnement peut tenir lieu, pour les établissements désignés dans l'article 11 du présent décret, du comité de patronage prévu par l'article 42 du décret du 18 janvier 1887.

CHAPITRE II.

PERSONNEL ENSEIGNANT.

ART. 18. Dans les écoles désignées à l'article 11, le directeur est nommé par arrêté du Ministre de l'Instruction publique, sur l'avis conforme du Ministre de l'Agriculture.

Le droit de présentation prévu par l'article 5, § 1, de la loi du 11 décembre 1880 s'exerce au moyen d'une liste contenant au moins les noms de trois candidats sur lesquels doit porter le choix du Ministre.

ART. 19. Les candidats aux fonctions de directeur doivent remplir les conditions requises par les articles 4, 5, 6, 7, § 3, et 20 de la loi du 30 octobre 1886, et être munis d'un des titres suivants :

Le certificat d'aptitude au professorat des écoles normales et des écoles primaires supérieures, la licence ès lettres ou ès sciences, le certificat d'aptitude à l'enseignement secondaire spécial, deux baccalauréats, dont un des sciences ou de l'enseignement secondaire spécial, le diplôme de l'Institut national agronomique ou de l'une des écoles nationales d'agriculture.

ART. 20. Les professeurs et maîtres adjoints chargés de classes sont nommés ou délégués par arrêtés du Ministre de l'Instruction publique pris sur l'avis conforme du Ministre de l'Agriculture.

Ils doivent remplir les conditions prévues par l'article 24 de la loi du 30 octobre 1886.

ART. 21. Le personnel chargé de l'enseignement agricole est nommé ou délégué par le Ministre de l'Instruction publique sur l'avis conforme du Ministre de l'Agriculture.

ART. 22. Le personnel spécial, nommé conformément au paragraphe 2 de l'article 5 de la loi du 11 décembre 1880, se compose des chefs de pratique. La commission de surveillance dresse une liste de trois candidats, parmi lesquels le préfet ou le maire exerce son choix après avis du directeur de l'établissement. Cette liste est accompagnée de certificats signés par les membres de la commission et attestant les capacités professionnelles des candidats.

Ce personnel n'acquiert pas de droit à pension sur les fonds de l'État.

CHAPITRE III.

BUDGET. — SUBVENTIONS. — BOURSES.

ART. 23. Les dépenses annuelles d'entretien des écoles départementales et communales, les traitements et indemnités dus aux professeurs et maîtres nommés selon le mode prescrit par les articles 20 et 21 ci-dessus sont acquittés conformément aux lois en vigueur et aux engagements spéciaux pris par les départements ou par les communes.

ART. 24. Les subventions de l'État inscrites au budget de l'Instruction publique ne s'appliquent en aucun cas au payement des dépenses d'entretien des élèves internes, ni à la rémunération du personnel de l'article 22 du présent décret.

Le département ou la commune doit prendre, conformément au troisième paragraphe de l'article 5 de la loi du 19 juillet 1889, l'engagement d'assurer pendant cinq ans au moins le payement des rétributions à allouer à ce personnel spécial.

ART. 25. Le Ministre de l'Agriculture peut allouer aux communes, dans la limite de ses crédits annuels, après avis du Conseil supérieur de l'Agriculture et après entente avec le Ministre de l'Instruction publique, des subventions particulières, soit pour le payement du personnel spécial rétribué sur les fonds départementaux ou communaux, soit pour tout autre emploi spécialement déterminé dans des conventions passées avec les communes intéressées.

ART. 26. Des bourses nationales d'enseignement primaire supérieur imputables sur le budget du Ministère de l'Instruction publique peuvent être attribuées aux établissements régis par le présent décret dans les formes et conditions prévues par le décret du 18 janvier 1887. Toutefois, l'attribution de ces bourses est prononcée par un arrêté du Ministre de l'Instruction publique, sur la proposition de l'Inspecteur d'académie, après avis du conseil départemental et du délégué du Ministre de l'Agriculture. La déchéance de la bourse est prononcée dans la même forme.

ART. 27. Les bourses ou indemnités facultatives que le Ministre de l'Agriculture peut allouer sur ses crédits annuels sont attribuées par lui, sur la proposition de son délégué, après avis du Conseil supérieur de l'Agriculture et de l'Inspecteur d'académie.

CHAPITRE IV.

ENSEIGNEMENT ET INSPECTION.

ART. 28. Dans chaque école le programme sera dressé par la Commission prévue à l'article 16, et ne sera exécutoire qu'après avoir reçu l'approbation des deux Ministres.

ART. 29. Aucun internat ne pourra être annexé aux écoles visées dans le présent titre sans l'autorisation préalable des deux Ministres.

ART. 30. Les établissements publics visés dans le présent titre sont, indépendamment de l'inspection prévue par l'article 9 de la loi du 30 octobre 1886, soumis, pour tout ce qui regarde l'enseignement agricole, à une inspection dans les conditions à déterminer par un arrêté pris par le Ministre de l'agriculture, après entente avec le Ministre de l'Instruction publique. Tous les rapports concernant ces établissements sont adressés aux deux Ministres.

DISPOSITIONS SPÉCIALES.

ART. 31. Les Ministres de l'Instruction publique et de l'Agriculture présenteront, de concert, chaque année, au Président de la République un rapport sur l'exécution du présent décret. Ce rapport sera inséré au *Journal officiel*.

ART. 32. L'article 25 de l'arrêté du 18 janvier 1887 est abrogé.

ART. 33. Les deux Ministres arrêteront, chacun en ce qui le concerne, après avis de son collègue, les mesures destinées à assurer l'exécution du présent décret.

ART. 34. Le Ministre de l'Instruction publique et des Beaux-Arts, le Ministre de l'Agriculture et le Ministre du Commerce et de l'Industrie sont chargés, chacun en ce qui le concerne, de l'exécution du présent décret, qui sera inséré au *Bulletin des lois* et au *Journal officiel*.

PROJET DE DÉCRET

portant règlement d'administration publique sur les écoles primaires supérieures donnant l'enseignement agricole, industriel et commercial.

EXPOSÉ DES MOTIFS.

L'article 1ᵉʳ du décret du 17 mars 1888 portant règlement d'administration publique sur les écoles manuelles d'apprentissage et déterminant, conformément à l'article 6 de la loi du 11 décembre 1880, les conditions d'application de cette loi, a placé les écoles manuelles d'apprentissage, ainsi que les écoles primaires supérieures et les cours complémentaires donnant un enseignement professionnel, sous la double autorité du Ministre de l'Instruction publique et du Ministre du Commerce et de l'Industrie.

Depuis la promulgation du décret du 17 mars 1888, à côté de l'enseignement professionnel proprement dit, s'est développé, dans un certain nombre d'établissements, l'enseignement de l'agriculture. Dans beaucoup de départements, les conseils généraux et les municipalités ont encouragé ce développement, qui a légitimement attiré l'attention du Parlement. Aussi l'article 48, § 9, de la loi du 19 juillet a-t-il prévu le cas où il y aurait lieu de créer, entre le Ministère de l'Instruction publique et le Ministère de l'Agriculture, un *modus vivendi* analogue à celui que la loi du 11 décembre 1880 a établi entre le Ministère de l'Instruction publique et le Ministère du Commerce et de l'Industrie.

Pour répondre aux vœux du Parlement, la question a d'abord été étudiée par une commission composée de représentants des trois Ministères de l'Instruction publique, de l'Agriculture, du Commerce et de l'Industrie. Un projet de décret a été élaboré qui a obtenu l'approbation des conseils supérieurs compétents.

C'est ce projet qui est aujourd'hui soumis au Conseil d'État.

Il établit quelques règles nouvelles et complète, sur plusieurs points, le décret du 17 mars 1888.

Les articles 1, 2 et 3 placent toutes les écoles primaires supérieures et tous les cours complémentaires à créer ou déjà existants, qui donnent un enseignement professionnel quelconque, soit sous le régime de la loi du 11 décembre 1880, soit sous le régime du titre III du règlement prévu ci-dessus au n° 8, règlement qui les rattache à la fois au Ministère de l'Instruction publique et à celui de l'Agriculture.

Aux termes de l'article 5, les départements ou les municipalités devront opter pour l'un ou l'autre régime, sous peine de voir retomber l'établissement exclusivement à leur charge.

L'article 4 autorise quelques exceptions temporaires et nettement définies à l'application rigoureuse des règlements en vigueur ou en préparation.

L'article 7 fixe à 300 francs et inscrit au budget de l'Instruction publique l'indemnité allouée aux fonctionnaires chargés de l'enseignement industriel ou commercial dans les écoles primaires supérieures et dans les cours complémentaires lorsqu'ils sont munis du certificat d'aptitude au professorat dans les écoles normales et primaires supérieures et qu'ils ont fait un stage de deux ans, soit dans une école nationale d'arts et métiers, soit dans une école supérieure de commerce, soit dans un établissement technique à déterminer par décret.

PROJET DE DÉCRET

portant règlement d'administration publique sur les écoles primaires supérieures donnant l'enseignement agricole, industriel ou commercial.

Le Président de la République française,

Sur le rapport du Ministre de l'Instruction publique, du Ministre du Commerce et de l'Industrie et du Ministre de l'Agriculture;

Vu la loi du 19 juillet 1889 et notamment l'article 48, § 18, 19 et 20;

Vu la loi du 11 décembre 1880 et le règlement d'administration publique du 17 mars 1888;

Vu le décret du   [n° 8], et notamment le titre III (art. 11-34);

Les Conseils supérieurs de l'Instruction publique, de l'Agriculture et de l'Enseignement technique entendus;

Le Conseil d'État entendu,

Décrète :

Art. 1er. A dater de la publication du présent décret, il ne sera créé aucune école primaire supérieure publique comprenant, en dehors des matières énumérées dans l'article 1er de la loi du 28 mars 1882, un enseignement professionnel (agricole, industriel ou commercial), sans que cette école soit placée, conformément à l'article 48, § 18 et 19, soit sous le régime du règlement d'administration publique du 17 mars 1888, si elle donne l'enseignement industriel ou commercial, soit sous le régime du titre III du règlement d'administration publique du   [n° 8], si elle donne l'enseignement agricole.

Art. 2. Les écoles primaires supérieures actuellement existantes et donnant un enseignement professionnel agricole, industriel ou commercial devront, pour continuer à être entretenues par l'État dans les conditions fixées par les articles 2 et 5 de la loi du 19 juillet

1889, être placées, avant le 1ᵉʳ janvier 1891, sous l'un des deux ré-
gimes prévus par les deux paragraphes précités de l'article 48 de
ladite loi.

ART. 3. Cette obligation est étendue aux cours complémentaires
dans lesquels les programmes d'études comprendraient des enseignements professionnels spéciaux établis aux frais de la commune ou
avec subside de l'un des Ministères de l'Agriculture ou du Commerce.

ART. 4. Dans le cas où un conseil général ou un conseil municipal
demanderait, en vue de la transformation de l'école, des déroga-
tions aux règlements du 17 mars 1888, du 28 juillet et du   novembre 1889, soit quant aux programmes, soit quant aux titres et
aux traitements du personnel en exercice, soit quant à la composition des comités de patronage ou d'administration, il appartiendra
aux deux Ministres compétents d'autoriser ces exceptions et d'en
fixer la durée, après avis, s'il y a lieu, de la Section permanente
du Conseil supérieur de l'Instruction publique, d'une part, et de la
Commission permanente du Conseil supérieur de l'Enseignement
technique ou du Conseil supérieur de l'Agriculture, d'autre part.

ART. 5. Dans les six mois qui suivront la publication du présent
décret, les conseils municipaux des communes où existent des écoles
primaires supérieures devront, par une délibération spéciale, opter
pour l'application à ces écoles, soit du régime organisé par la loi du
30 octobre 1886 et les règlements organiques du 18 janvier 1887, soit
du régime établi par la loi du 11 décembre 1880 et le décret du
17 mars 1888 ou par le titre III du règlement du   novembre 1889.
Faute par le conseil municipal d'avoir délibéré ou sur son refus
de se conformer aux prescriptions de la loi, les traitements resteraient
exclusivement à la charge de la commune à dater du 1ᵉʳ janvier 1891.

ART. 6. L'article 25 de l'arrêté du 18 janvier 1887 est abrogé.

Disposition spéciale.

ART. 7. L'indemnité à laquelle ont droit les fonctionnaires chargés, dans les conditions déterminées par l'article 48, § 20, de la loi
du 19 juillet 1889, de l'enseignement industriel ou commercial dans
les écoles primaires supérieures ou dans les cours complémentaires,
est fixée à 300 francs par an.

Cette indemnité est payée au moyen des crédits inscrits à cet effet
au budget du Ministère de l'Instruction publique.

PROJET DE DÉCRET

*relatif aux règles et conditions d'avancement non prévues
par l'article 24.*

EXPOSÉ DES MOTIFS.

Ce projet comprenait dans la rédaction primitive un titre 1" en deux chapitres, relatifs le premier aux règles à suivre pour les promotions annuelles des instituteurs et institutrices, prévues à l'article 5o de la loi, qui auront lieu à partir de 1891, le second aux dispositions transitoires applicables au classement de 1890. Ni l'un ni l'autre de ces deux chapitres ne paraissent plus avoir d'objet : toutes les questions pouvant donner matière à un règlement d'administration publique ont trouvé leur solution, soit dans les décrets déjà publiés, soit dans les avis du Conseil d'État qui ont servi de règle aux commissions de classement. Il ne resterait à déterminer que des questions d'ordre administratif et pédagogique, pour lesquelles la loi n'a pas donné de délégation spéciale au Conseil d'État.

Il en est de même de la disposition qui formait le titre III relatif au classement à Paris et dans les autres villes de plus de cent mille âmes.

Au contraire le titre II (écoles primaires supérieures professionnelles) paraît répondre à une lacune de la loi et appeler l'intervention du Conseil d'État par l'application du paragraphe 4 de l'article 48.

Examen des articles.

Réduit à cet ancien titre II, le projet a pour objet de régler certaines situations particulières que la loi elle-même n'a pas réglées, du moins par des dispositions expresses et explicites.

La première de ces situations est celle des maîtres munis du titre de professeur d'école normale ou de licencié ès lettres ou ès sciences qui sont nommés ou délégués par arrêté ministériel aux fonctions d'enseignement dans les écoles primaires supérieures ou professionnelles.

L'article 1" a pour objet de concilier les deux textes de la loi du 3o octobre 1886 et de la loi du 19 juillet 1889. Il décide que les maîtres garderont le titre de professeur que leur garantit la première

20

de ces deux lois, et qu'ils débuteront immédiatement, en raison des titres supérieurs de capacité qu'ils possèdent, au traitement de la 3ᵉ classe de l'emploi d'instituteurs adjoints des écoles primaires supérieures.

Ils ont droit, outre l'indemnité de cinq cents francs prévue par l'article 20 de la loi du 19 juillet 1889, à l'indemnité de résidence et au logement ou à l'indemnité représentative comme leurs collègues, conformément à l'article 24 de la loi.

L'article 2 rattache, pour le classement et l'avancement, les professeurs des écoles primaires supérieures au personnel désigné par le 3ᵉ paragraphe de l'article 24 de la loi, c'est-à-dire aux fonctionnaires dont la nomination est faite par le Ministre.

Les maîtres pourvus du professorat des écoles normales ou de la licence ès lettres ou ès sciences étant, comme le personnel visé aux aux articles 14, 16, 17, 18, 21 et 22 de la loi, nommés par le Ministre, il a paru conforme aux intentions du législateur de ne pas leur appliquer la règle prescrite par le paragraphe 2 de l'article 24 ; mais celle du paragraphe 3 de cet article.

Ces dispositions sont applicables aux professeurs des écoles nationales professionnelles : c'est ce que prévoit l'article 3 de ce projet.

En outre, et c'est là la seconde des situations spéciales que le décret a pour but de régler, il importe de régler le mode et les conditions d'avancement de tout le personnel attaché aux écoles nationales professionnelles. Ces établissements qui ne sont qu'au nombre de trois, sont constitués d'une manière toute spéciale; ils possèdent plusieurs emplois qui n'ont pas de similaires dans les autres établissements d'enseignement primaire, et par lesquels il a paru nécessaire d'établir une échelle spéciale de traitements.

Le tableau porté à l'article 4 indique, pour les cinq classes, le taux de traitement proposé et le mode spécial d'avancement de ce personnel.

PROJET DE DÉCRET

relatif aux règles et conditions d'avancement non prévues par l'article 24.

LE PRÉSIDENT DE LA RÉPUBLIQUE FRANÇAISE,

Sur le rapport du Ministre de l'Instruction publique et des Beaux-Arts;

Vu la loi du 19 juillet 1889, notamment l'article 48, § 4, ainsi conçu : « Il sera statué par des règlements d'administration publique....
4° Sur les règles et conditions d'avancement qui ne sont pas prévues à l'article 24 »;

Vu la loi organique du 30 octobre 1886;

Vu l'avis du Conseil supérieur de l'Instruction publique du 28 décembre 1889;

Le Conseil d'État entendu,

DÉCRÈTE :

. . . .

ART. 1[(1)]. Les maîtres munis du titre de professeur d'école normale ou de licencié ès lettres ou ès sciences nommés ou délégués par arrêté ministériel aux fonctions d'enseignement dans les écoles primaires supérieures ou professionnelles débuteront au traitement de la troisième classe des instituteurs adjoints et jouiront des autres avantages prévus par l'article 15 de la loi du 19 juillet.

Ils recevront, conformément à l'article 24 de la loi du 30 octobre 1886, le titre de professeur.

ART. 2. Les professeurs d'écoles primaires supérieures seront pour le classement et l'avancement rattachés au personnel désigné au 3e paragraphe de l'article 24 de la loi.

ART. 3. Les dispositions de l'article précédent sont applicables aux professeurs attachés aux écoles nationales professionnelles.

ART. 4. Pour le personnel des écoles nationales professionnelles

---

[(1)] Dans la rédaction primitive, ces articles formaient les articles 15-18 du titre II : *Écoles primaires supérieures et professionnelles.*

autre que les directeurs, professeurs et économes, l'avancement
sera réglé conformément au tableau ci-dessous :

TRAITEMENTS.	5e CLASSE.	4e CLASSE.	3e CLASSE.	2e CLASSE.	1re CLASSE.
	francs.	francs.	francs.	francs.	francs.
Traitement du surveillant général (avec logement, nourriture et prestations en nature).......	1,600	1,800	2,000	2,200	2,400
Traitements des maîtres internes (nommés ou délégués par le Ministre) avec nourriture et prestations en nature........	1,200	1,300	1,400	1,500	1,600
Traitement du directeur de l'école primaire annexe (avec logement)	1,800	2,000	2,200	2,500	3,000
Traitement des instituteurs adjoints de l'école primaire (avec logement)...............	1,200	1,300	1,400	1,600	1,800
Traitement du chef des travaux d'atelier (externe).........	3,000	3,300	3,600	3,900	4,200
Traitement de la directrice de l'école maternelle annexe (avec logement)...............	1,200	1,400	1,600	1,800	2,000
Traitement des sous-directrices de l'école maternelle (avec logement)..................	1,000	1,100	1,200	1,300	1,400
Traitement de l'adjudant surveillant (avec logement, nourriture et prestations en nature).....	1,200	1,300	1,400	1,500	1,600

PROJET DE DÉCRET

sur le régime des écoles annexes des écoles normales.

————

Le projet de décret sur le régime des écoles annexes a été incorporé au règlement sur l'administration la comptabilité des écoles normales du 29 mars 1890. Il en forme l'article 13 (V. ci-dessus p. 59).

Parmi les dispositions qui constituaient l'ancien projet n° 11, celles qui se rattachent à la question de principe du *régime des écoles annexes* se trouvent réglées par le décret précité. Les autres sont ou des mesures d'administration ou des questions de titres de capacité, ou des prescriptions pédagogiques sans conséquence financière et qui, ne rentrant pas dans la délégation spéciale de l'article 48, § 12, paraissent devoir faire l'objet soit d'instructions ministérielles soit de décrets simples, rendus après avis du Conseil supérieur.

PROJETS DE DÉCRETS

sur les écoles primaires supérieures et sur les écoles professionnelles de Paris.

___

EXPOSÉ DES MOTIFS

L'administration estime que l'exposé des motifs le plus complet et le plus précis se trouve dans le texte même du rapport présenté à l'appui de ce double projet par M. Carriot au Conseil supérieur. On croit devoir le reproduire in-extenso ci-dessous :

RAPPORT

sur un projet de règlement des écoles supérieures et des écoles profession- nelles de Paris, soumis au Conseil supérieur, le 28 décembre 1889, au nom de la Commission d'enseignement primaire.

Aux termes de l'article 48, § 9, de la loi du 19 juillet 1889, il doit être statué par un règlement d'administration publique, rendu après avis du Conseil supérieur, sur les conditions spéciales d'organisation et de fixation des traitements du personnel des écoles supérieures et des écoles professionnelles de la ville de Paris.

La section permanente s'est occupée de la rédaction de ce règlement et a préparé un projet que votre commission de l'enseignement pri- maire s'est approprié presque en entier, et qu'elle a l'honneur de vous soumettre après y avoir introduit quelques légères modifica- tions.

La première partie du règlement s'applique aux écoles primaires supérieures.

On y fixe les cadres du personnel des écoles d'externes et des écoles d'internes et on y détermine les titres de capacité exigés des fonc- tionnaires de chaque catégorie.

Dans les écoles supérieures d'externes le cadre du personnel comprend :

Un directeur;

Des professeurs titulaires;

Des professeurs délégués;

Des maîtres répétiteurs externes;

Des maîtres auxiliaires pour les enseignements accessoires.

Dans les écoles qui ont un internat, le personnel comprend en outre :

Un économe;

Des commis d'économat;

Des maîtres répétiteurs internes;

Des maîtres suppléants.

D'après le projet de la section permanente, les directeurs et les professeurs devaient être pourvus du certificat d'aptitude au professorat des écoles normales, ou d'une licence. A ces titres votre commission propose d'ajouter le certificat d'aptitude de l'enseignement secondaire spécial (lettres ou sciences), qui lui paraît être une garantie d'égale valeur.

Pour les professeurs de langue vivante, on se bornera à demander le certificat d'aptitude spécial à leur enseignement, tel qu'il est prévu par les règlements organiques de l'enseignement primaire ou de l'enseignement secondaire.

Les maîtres auxiliaires pour les enseignements spéciaux (chant, gymnastique, comptabilité, couture, travail manuel) devront être pourvus du titre de capacité correspondant à leurs fonctions.

Enfin les économes, dans les internats, restent subordonnés au receveur municipal de la ville de Paris. Leur situation est réglée par le préfet de la Seine.

Ces diverses dispositions n'apportent aucun changement à l'organisation des écoles primaires supérieures. Elles ne font que donner la force et la sanction d'un règlement d'administration publique à des principes appliqués depuis longtemps. Elles innovent cependant sur un point, en substituant des traitements fixes aux traitements à l'heure, pour les professeurs qui ont un service complet; par là, elles créent, dans chaque établissement, un personnel qui lui appartient en propre et sur lequel il a plus d'action.

Le règlement détermine ensuite la situation des divers fonctionnaires, la durée du travail à exiger d'eux, le taux de leur traitement et les conditions d'avancement.

Directeurs, professeurs et maîtres répétiteurs se divisent en cinq classes. Aucun d'eux ne peut être promu à une classe plus élevée s'il n'a passé au moins cinq ans dans la classe immédiatement inférieure.

Les directeurs débutent à 7,000 francs, indemnité de résidence comprise, et, par des augmentations successives de 500 francs, atteignent au chiffre de 9,000 francs; quand ils sont placés à la tête d'un internat, ils reçoivent en plus une indemnité de 1,000 francs non soumise à retenue. Cette indemnité est de 2,000 francs pour le directeur du collège Chaptal.

Les professeurs titulaires ont un service de quatorze à seize heures de cours; ils reçoivent un traitement fixe qui, avec l'indemnité de résidence, s'élève de 3,800 à 5,000 francs et qui peut s'accroître encore du produit d'heures supplémentaires comptées à raison de 300 francs l'heure.

L'institution des professeurs généraux, qui a contribué pour une part à la fortune du collège Chaptal et qui, du collège Chaptal, a pénétré à l'école J.-B. Say, n'avait pas été maintenue par la section permanente. Votre commission a pensé qu'il y avait intérêt à la conserver au moins à titre facultatif, et elle a décidé que dans les internats, à Chaptal et à J.-B. Say, des professeurs titulaires pourraient être chargés, en dehors des heures d'enseignement qui leur sont confiées, de la direction des études d'une division d'élèves.

C'est aussi parmi les professeurs titulaires que seraient pris les préfets des études et les surveillants généraux, afin que ces fonctionnaires ne soient pas inférieurs, quant aux titres de capacités, au personnel sur lequel ils ont autorité. Dans les écoles comprenant un internat, une indemnité de 500 francs est attachée au titre de préfet des études ou de surveillant général; elle s'élève à 2,000 francs pour le préfet des études du collège Chaptal.

A côté des professeurs titulaires et pour les enseignements qui ne comportent pas un nombre d'heures constituant un service complet, le règlement place des professeurs délégués. Ces professeurs délégués n'ont pas de traitement fixe; ils reçoivent seulement une indemnité calculée par heure de cours et non soumise à la retenue. Le taux de l'heure varie de 300 à 400 et même à 500 francs.

Après les professeurs délégués viennent les maîtres auxiliaires chargés des enseignements accessoires (comptabilité, chant, gymnastique, exercices militaires, écriture, travail manuel). Ils n'ont pas de traitement fixe et reçoivent une indemnité non soumise à retenue et calculée par heure. Le taux de l'heure varie selon l'importance des enseignements.

Les maîtres répétiteurs externes, divisés en cinq classes, reçoivent un traitement qui, en y comprenant l'indemnité de résidence de 1,000 francs, s'élève de 2,100 à 3,100 francs. Les répétiteurs internes ont un traitement supérieur de 100 francs au traitement fixe des maîtres répétiteurs externes, mais, comme ils sont logés et nourris dans l'établissement, ils ne touchent pas l'indemnité de résidence.

Enfin le règlement admet ou plutôt maintient des maîtres suppléants ou stagiaires ayant droit à la nourriture et au logement et auxquels une indemnité pourra être allouée par le conseil municipal.

Il n'a pas paru nécessaire de procéder au classement des fonctionnaires des écoles supérieures de Paris actuellement en exercice, l'organisation de ce personnel n'ayant aucune action sur le classement du personnel des écoles supérieures des départements, qui en est absolument distinct.

L'article 27 rend applicables aux écoles supérieures de filles les dispositions générales du règlement avec les quelques modifications que comporte la constitution particulière de ces écoles. Il y consacre la création du cadre des répétitrices, maîtresses adjointes qui participent dans une certaine mesure à l'enseignement en même temps qu'elles sont chargées de la surveillance. Leur office est analogue à celui des professeurs généraux du collège Chaptal. Elles ont les traitements fixés par l'article 15 de la loi du 19 juillet 1889 avec l'indemnité de résidence, soit 3,100 francs au minimum ou 4,100 francs au maximum.

Bien que le règlement respecte les principes essentiels de la constitution actuelle des écoles supérieures, il y apporte cependant certaines modifications qui, appliquées immédiatement, seraient préjudiciables à certains fonctionnaires en exercice. Mais des dispositions transitoires permettent de ne porter atteinte à aucun intérêt.

Ainsi l'article 24 dispense les fonctionnaires actuellement en exercice de la possession des titres exigés désormais, pourvu qu'ils comptent cinq ans de services au moins.

D'autre part, l'article 25 accorde aux fonctionnaires actuels la faculté de continuer s'ils le désirent à être régis par les dispositions du règlement municipal sous lequel ils ont vécu jusqu'ici. Cette mesure coupe court à toute réclamation.

ÉCOLES PROFESSIONNELLES.

Le projet de règlement des écoles professionnelles s'inspire sur beaucoup de points des principes qui ont été suivis pour la rédaction du règlement des écoles primaires supérieures.

La nomination des directeurs et des directrices continuera à se faire dans les conditions prévues par la loi du 11 décembre 1880, sur une liste de trois candidats dressée par le conseil municipal.

Les candidats devront désormais posséder l'un des titres énumérés à l'article 11 du décret du 17 mars 1888, c'est-à-dire le certificat d'aptitude au professorat des écoles normales et des écoles primaires supérieures, la licence ès lettres ou ès sciences, deux baccalauréats dont l'un des sciences ou de l'enseignement spécial, un baccalauréat avec le certificat d'aptitude à l'enseignement du travail manuel, le diplôme d'ingénieur des arts et manufactures, ou, à défaut, le titre ou le diplôme d'ancien élève d'une école technique reconnue équivalente.

Le directeur peut être assisté d'un ou de plusieurs surveillants, d'un secrétaire agent comptable. La nécessité d'assurer la bonne tenue de la comptabilité des écoles professionnelles, le principe d'après lequel les fonctions d'ordonnateur des dépenses dévolues aux directeurs doivent être distinctes de celles de comptable et ne comporter aucun maniement de fonds, impliquent la création d'emplois de comptables. Les conditions dans lesquelles se constitueront ces emplois pourront varier d'un établissement à l'autre, rien ne s'opposant, par exemple, à ce que, dans certaines écoles, on les confie à un maître adjoint ou à une maîtresse adjointe, faisant en même temps office de secrétaire.

A la suite du personnel administratif, le règlement détermine le personnel qui sera chargé de l'enseignement primaire et en élargit plus ou moins le cadre, selon l'importance des écoles. Ce cadre, quand il sera complet, comprendra des professeurs titulaires, des professeurs délégués, des maîtres auxiliaires, des maîtres adjoints et des maîtres chargés de diriger l'enseignement du travail manuel.

Quant au personnel de l'enseignement technique, il se compose de chefs des travaux, de contremaîtres, de chefs et sous-chefs d'atelier, d'ouvriers instructeurs et autres préposés à l'apprentissage.

Ce personnel est nommé par le préfet, sur la désignation de la commission de surveillance et de perfectionnement instituée auprès de l'école par le conseil municipal. La commission dresse, pour cet emploi, une liste de candidats, parmi lesquels le préfet fera son choix. Selon les dispositions de l'article 4 de la loi du 19 juillet 1889, ce personnel est entièrement à la charge des communes.

Les directeurs, les professeurs titulaires et les maîtres adjoints se divisent en cinq classes; ils ont droit à l'indemnité de résidence. Les directeurs ont un traitement qui, en y comprenant l'indemnité de résidence, s'élèvera de 6,000 à 8,000 francs. Les professeurs titulaires de 5ᵉ classe reçoivent 1,800 francs et ceux de 1ʳᵉ classe 3,000 francs, non compris l'indemnité de résidence, qui est de 2,000 francs. Les professeurs délégués n'ont pas de traitement fixe; ils reçoivent une indemnité calculée à l'heure et non soumise à retenue. Les maîtres adjoints toucheront 100 francs de plus que leurs collègues des écoles primaires élémentaires; ils ont moins de vacances et ne disposent que d'une partie de la journée du jeudi. Ils ont droit au logement ou à l'indemnité représentative.

Quant aux maîtres auxiliaires chargés des enseignements accessoires (comptabilité, écriture, chant, gymnastique, exercices militaires), le règlement leur attribue des indemnités calculées par heure de service et non soumises à retenue. Ces dispositions s'appliquent, pour la plupart, aux écoles de filles, sauf quelques modifications réclamées par le caractère de ces écoles.

Pour les directrices, on se contentera, comme titre de capacité, soit du certificat d'aptitude au professorat des écoles normales, soit du brevet supérieur et du certificat d'aptitude à l'enseignement du travail manuel.

Les directrices auront comme traitement de début 2,500 francs. Ce traitement sera de 4,500 francs pour la première classe, ce qui, avec l'indemnité de résidence de 2,000 francs, donnera un total de 4,500 francs au minimum et de 6,500 francs au maximum.

Les maîtresses adjointes débuteront à 2,100 francs et pourront atteindre un maximum de 3,100 francs.

Une disposition transitoire analogue à celle qui a été insérée dans le règlement des écoles primaires supérieures permet au personnel des écoles professionnelles de conserver tous les avantages des règlements municipaux antérieurs.

Quant aux commissions de surveillance et de perfectionnement instituées auprès des écoles professionnelles, il a paru bon de porter à douze le nombre de leurs membres choisis par le conseil municipal, afin d'avoir, dans une proportion aussi large que possible, le concours des industriels et commerçants dont les connaissances techniques et l'expérience professionnelle peuvent être du plus grand secours pour la rédaction des programmes, la surveillance des ateliers et le placement des élèves.

Telles sont, dans leurs traits essentiels, les dispositions des deux projets de règlement qui vous sont soumis.

On s'y est attaché beaucoup moins à modifier qu'à consacrer, selon les prescriptions de la loi, une organisation déjà ancienne, due à l'initiative de la ville, et qu'il y avait tout intérêt à conserver.

Le conseil municipal, auquel le règlement a été soumis en raison des dispositions financières relatives aux traitements et aux indemnités, l'a accepté par sa délibération du 23 décembre courant.

N. B. A l'exposé qui précède, le Gouvernement doit seulement ajouter que l'article 29 du second de ces deux projets devra nécessairement être modifié, ni la rédaction du Conseil supérieur, ni celle qu'avait suggérée la préfecture de la Seine ne pouvant s'accorder avec l'avis récemment émis par le Conseil d'État sur la question des retenues pour la retraite. On trouvera le texte de cet avis à la fin du présent fascicule (p. 181).

Il semble qu'il suffira de substituer à l'article 29 une rédaction analogue à celle des articles 25 et 26 du projet sur les écoles supérieures, c'est-à-dire une clause permettant au personnel en exercice d'opter entre le maintien pur et simple de sa situation actuelle ou le passage au régime nouveau.

RÈGLEMENTS SPÉCIAUX

À LA VILLE DE PARIS

ET AU DÉPARTEMENT DE LA SEINE.

I.

RÈGLEMENT D'ADMINISTRATION PUBLIQUE

sur les conditions d'organisation et de fixation des traitements du personnel
des écoles primaires supérieures de la ville de Paris.

(Art. 48, § 9.)

LE PRÉSIDENT DE LA RÉPUBLIQUE FRANÇAISE,

Sur le rapport du Ministre de l'Instruction publique et des Beaux-Arts;

Vu la loi du 30 octobre 1886 sur l'organisation de l'enseignement primaire;

Vu l'article 48 de la loi du 19 juillet 1889 sur les dépenses ordinaires de l'instruction primaire publique et les traitements du personnel de ce service, ainsi conçu:

«Il est statué par des règlements d'administration publique rendus après avis du Conseil supérieur de l'Instruction publique, et, en outre, s'il s'agit de l'enseignement agricole, après avis du Conseil supérieur de l'agriculture, et, s'il s'agit de l'enseignement industriel et commercial, après avis du Conseil supérieur de l'enseignement technique ....
....

«6° Sur les conditions spéciales d'organisation et de fixation des traitements du personnel des écoles primaires supérieures et des écoles professionnelles de la ville de Paris ainsi que des écoles normales de la Seine »;

Vu la délibération du Conseil municipal de Paris en date du 23 décembre 1889;

Le Conseil supérieur de l'Instruction publique entendu;

Le Conseil d'État entendu;

DÉCRÈTE:

CHAPITRE PREMIER.

CONDITIONS D'ORGANISATION.

ART. 1er. Dans les écoles primaires supérieures de la ville de Paris qui ne reçoivent pas d'élèves pensionnaires, le cadre du personnel comprend :

Un directeur;

Des professeurs titulaires;

Des professeurs délégués;

Des maîtres répétiteurs externes;

Des maîtres auxiliaires pour les enseignements accessoires.

ART. 2. Dans les écoles primaires supérieures de la ville de Paris où sont reçus des élèves pensionnaires, le cadre du personnel comprend en outre:

Un économe;

Des commis d'économat;

Des maîtres répétiteurs internes;

Des maîtres répétiteurs suppléants.

ART. 3. Les directeurs doivent être pourvus soit du certificat d'aptitude au professorat des écoles normales et des écoles primaires supérieures, soit d'une licence, soit du certificat d'aptitude à l'enseignement secondaire spécial (lettres ou sciences).

ART. 4. Les professeurs titulaires et les professeurs délégués doivent être pourvus soit du certificat d'aptitude au professorat des écoles normales et des écoles primaires supérieures, soit d'une licence, soit du certificat d'aptitude à l'enseignement secondaire spécial (lettres ou sciences). Toutefois, pour les professeurs de dessin et de langues vivantes, ces titres pourront être remplacés par le certificat d'aptitude spécial à l'enseignement dont ils sont chargés, tel qu'il est prévu par les règlements organiques de l'enseignement primaire ou secondaire.

Art. 5. Dans chaque école, un ou plusieurs professeurs titulaires pourront, selon les besoins du service, être chargés des fonctions soit de préfet des études, soit de surveillant général. Ils ont droit au loge-ment ou à l'indemnité représentative.

Art. 6. Les maîtres répétiteurs (externes, internes et suppléants) doivent être pourvus soit du brevet supérieur, soit de l'un quelconque des baccalauréats.

Art. 7. Les maîtres auxiliaires pour les enseignements accessoires doivent être pourvus du titre de capacité correspondant aux fonctions qu'ils exercent et tel qu'il est prévu soit par la loi, soit par les règle-ments universitaires. A défaut du titre requis, ils ne peuvent être que délégués dans leurs fonctions par le préfet, dans les conditions spé-cifiées par le second paragraphe de l'article 28 de la loi du 30 oc-tobre 1886.

Art. 8. Les économes sont, conformément aux dispositions du réglement d'administration publique du 28 décembre 1878, subor-donnés au receveur municipal de la ville le Paris. Ils ne peuvent être chargés que de la gestion de l'internat.

La situation des économes et des commis d'économat est réglée, en ce qui concerne les conditions de leur nomination et les condi-tions d'avancement, par arrêtés du préfet de la Seine.

Art. 9. Les directeurs, les professeurs titulaires, les maîtres répé-titeurs, tant externes qu'internes, sont répartis en cinq classes. Ils ne peuvent être promus à une classe plus élevée qu'après avoir passé trois années au moins dans la classe immédiatement inférieure.

Art. 10. Le nombre d'heures de classe exigibles des professeurs titulaires est fixé par semaine à quatorze heures au minimum et à seize heures au maximum.

Il pourra leur être demandé des heures supplémentaires, chaque fois que les besoins du service l'exigeront.

Art. 11. Dans les écoles primaires supérieures recevant des élèves internes, des professeurs titulaires pourront être chargés, en dehors des heures d'enseignement qui leur seront confiées en vertu de l'ar-ticle précédent, de la direction des études d'une division d'élèves.

CHAPITRE II.

FIXATION DES TRAITEMENTS.

ART. 12. Le traitement des directeurs est fixé ainsi qu'il suit :

5ᵉ classe	5,000
4ᵉ classe	5,500
3ᵉ classe	6,000
2ᵉ classe	6,500
1ʳᵉ classe	7,000

Ils ont droit à l'indemnité de résidence prévue à l'article 12 de la loi du 19 juillet 1889, ainsi qu'au logement ou à l'indemnité représentative.

ART. 13. Les directeurs placés à la tête d'une école recevant des élèves pensionnaires reçoivent en outre une indemnité annuelle de 1,000 francs, non soumise à retenue.

Cette indemnité est portée à 2,000 francs pour le directeur du collège Chaptal.

ART. 14. Le traitement des professeurs titulaires est fixé ainsi qu'il suit :

5ᵉ classe	1,800ᶠ
4ᵉ classe	2,100
3ᵉ classe	2,400
2ᵉ classe	2,700
1ʳᵉ classe	3,000

Dans ce traitement est comprise l'indemnité spéciale prévue par l'article 20 de la loi du 19 juillet 1889.

Les professeurs titulaires reçoivent en outre l'indemnité de résidence prévue à l'article 12 de la loi du 19 juillet 1889.

Ils ont droit au logement ou à l'indemnité représentative.

ART. 15. Dans les écoles primaires supérieures recevant des élèves pensionnaires, les professeurs chargés des fonctions de préfet des études ou de surveillant général reçoivent une indemnité annuelle de 500 francs, non soumise à retenue.

Cette indemnité est fixée à 2,000 francs pour le préfet des études du collège Chaptal.

ART. 16. Pour les heures supplémentaires qui peuvent leur être demandées comme il est dit ci-dessus à l'article 11, les professeurs titulaires recevront une indemnité non soumise à retenue, calculée sur le pied de 300 francs par an pour chaque heure d'enseignement par semaine.

Art. 17. Le traitement des maîtres répétiteurs externes est fixé ainsi qu'il suit:

5° classe...	1,100ᶠ
4° classe...	1,300
3° classe...	1,600
2° classe...	1,900
1ʳᵉ classe...	2,100

Ils reçoivent en outre la même indemnité de résidence que les in-stituteurs titulaires de la ville de Paris, qui ne sont pas directeurs ou directrices d'écoles.

Ils ont droit au logement ou à l'indemnité représentative.

Art. 18. Les professeurs délégués n'ont pas de traitement fixe: ils reçoivent une indemnité non soumise à retenue calculée sur le pied de 300 francs par an pour chaque heure d'enseignement par semaine.

Toutefois le taux de cette indemnité pourra être élevé, par décision du préfet de la Seine, à 400 francs l'heure pour les professeurs chargés dans les classes de 4° année, des cours de mathématiques, de physique et de chimie. Au collège Chaptal, ce taux pourra être porté, dans les mêmes conditions, en faveur des professeurs chargés de cours de lettres ou de sciences, à 400 francs pour la cinquième année, à 500 francs pour la sixième.

Art. 19. Les maîtres auxiliaires pour les enseignements accessoires n'ont pas de traitement fixe: ils reçoivent une indemnité, non soumise à retenue, calculée en raison du nombre d'heures d'enseignement qu'ils donnent par semaine.

Le taux de cette indemnité est fixé ainsi qu'il suit:

Pour la comptabilité, de 250 à 350 francs par an pour une heure par semaine;

Pour l'écriture et le chant, de 200 à 300 francs par an pour une heure par semaine;

Pour la gymnastique et les exercices militaires, de 150 à 250 francs par an pour une heure par semaine;

Pour le travail manuel, de 100 à 150 francs par an pour une heure par semaine.

Les maîtres chargés de ces divers enseignements débuteront aux taux minima: ils pourront obtenir, après trois années d'exercice au moins, des augmentations successives de 25 francs par an jusqu'à ce qu'ils aient atteint les taux maxima.

Art. 20. Les traitements des économes et des commis d'économat sont fixés par arrêtés du préfet de la Seine, en raison des ressources affectées à cet objet par le conseil municipal de la ville de Paris.

Art. 21. Le traitement des maîtres répétiteurs internes est fixé ainsi qu'il suit:

5ᵉ classe	1,200ᶠ
4ᵉ classe	1,400
3ᵉ classe	1,600
2ᵉ classe	1,800
1ʳᵉ classe	2,000

Ils sont logés et nourris dans l'établissement.
Ils n'ont pas droit à l'indemnité de résidence.

Art. 22. Les maîtres répétiteurs suppléants sont logés et nourris dans l'établissement.

Ils n'ont pas droit à l'indemnité de résidence.

Il peut leur être alloué, sur les fonds affectés à cet objet par le conseil municipal de la ville de Paris, une indemnité annuelle, non soumise à retenue, dont le chiffre est déterminé par arrêtés du préfet de la Seine.

Art. 23. Les traitements des fonctionnaires des écoles primaires supérieures de la ville de Paris, ainsi que les diverses indemnités qui pourront leur être allouées en vertu des articles qui précèdent, sont mandatés par le préfet. Ils sont payés mensuellement et par douzièmes sur le vu d'un état dressé par l'inspecteur d'académie, directeur de l'enseignement primaire de la Seine.

CHAPITRE III.

DISPOSITIONS TRANSITOIRES.

Art. 24. Les fonctionnaires en exercice dans les écoles primaires supérieures de la ville de Paris lors de la publication du présent règlement pourront être dispensés, s'il y a lieu, de la possession des titres requis pour l'emploi qu'ils occupent.

Art. 25. Les fonctionnaires en exercice lors de la publication du présent règlement continueront, s'ils le désirent, tant qu'ils conserveront leurs fonctions, à être soumis aux dispositions des règlements municipaux alors en vigueur, tant pour la fixation du taux de leur traitement et la perception des retenues légales que pour les conditions de l'avancement auquel ils peuvent prétendre.

Art. 26. Les professeurs titulaires actuellement payés en raison du nombre d'heures d'enseignement qu'ils donnent par semaine pourront, à leur gré, soit conserver ce mode de rétribution, soit opter pour l'allocation d'un traitement fixe.

Dans ce dernier cas, le traitement fixe qui leur sera attribué sera égal au chiffre des émoluments qu'ils recevaient à la date du 19 juillet 1889, et ils n'auront pas droit à l'indemnité de résidence.

CHAPITRE IV.

DISPOSITIONS SPÉCIALES.

Art. 27. Le présent règlement est applicable aux écoles de filles, sous la réserve des modifications ci-après :

Les directrices et les professeurs pourront être pourvues soit du certificat d'aptitude au professorat des écoles normales et des écoles primaires supérieures, soit du certificat d'aptitude à l'enseignement secondaire.

Le cadre du personnel comprendra, au lieu de maîtresses répétitrices externes, des maîtresses adjointes, qui devront être âgées de vingt et un ans au moins et posséder le brevet supérieur. Ces maîtresses recevront, selon leur classe, les traitements fixés par l'article 15 de la loi du 19 juillet 1889 ; elles auront droit en outre à l'indemnité de résidence de 2,000 francs déterminée par l'article 12 de ladite loi.

II.

RÈGLEMENT D'ADMINISTRATION PUBLIQUE

*sur les conditions d'organisation et de fixation des traitements
du personnel des écoles professionnelles de la ville de Paris.*

(Art. 48, § 9.)

———

LE PRÉSIDENT DE LA RÉPUBLIQUE FRANÇAISE,

Sur le rapport du Ministre de l'Instruction publique et des Beaux-
Arts;

Vu la loi du 30 octobre 1886 sur l'organisation de l'enseignement
primaire;

Vu l'article 48 de la loi du 19 juillet 1889 sur les dépenses ordinaires de l'instruction primaire publique et les traitements du personnel de ce service, ainsi conçu :

« Il est statué par des règlements d'administration publique rendus
après avis du Conseil supérieur de l'Instruction publique, et, en
outre, s'il s'agit de l'enseignement agricole, après avis du Conseil
supérieur de l'agriculture, et, s'il s'agit de l'enseignement industriel
et commercial, après avis du Conseil supérieur de l'enseignement
technique. . . . .
. . . .

« 9° Sur les conditions spéciales d'organisation et de fixation des
traitements du personnel des écoles primaires supérieures et des
écoles professionnelles de la ville de Paris ainsi que des écoles normales de la Seine »;

Le Conseil supérieur de l'Instruction publique et le Conseil d'État
entendus,

DÉCRÈTE :

CHAPITRE PREMIER.

CONDITIONS D'ORGANISATION.

ART. 1. Dans les écoles professionnelles de la ville de Paris, le
cadre du personnel comprend :

1° Le personnel administratif;

2° Le personnel chargé de l'enseignement primaire ;

3° Le personnel chargé de l'enseignement technique.

ART. 2. Le personnel administratif peut comprendre, outre le directeur, un ou plusieurs surveillants et un secrétaire agent comptable.

ART. 3. Le personnel chargé de l'enseignement primaire se compose :

1° De professeurs titulaires ;

2° De professeurs délégués ;

3° De maîtres adjoints chargés de classe ;

4° De maîtres auxiliaires chargés des enseignements accessoires et, s'il y a lieu, d'un ou plusieurs maîtres chargés de diriger l'enseignement des travaux manuels.

ART. 4. Le personnel chargé de l'enseignement technique se compose des chefs de travaux, contremaîtres, chefs, sous-chefs d'atelier, ouvriers instructeurs et autres préposés à l'apprentissage.

ART. 5. La nomination du directeur, des professeurs titulaires, des maîtres adjoints et des maîtres a lieu par arrêtés du Ministre de l'Instruction publique, sur l'avis conforme du Ministre du Commerce et de l'Industrie.

Le droit de présentation du directeur, prévu par l'article 5, § 1er, de la loi du 11 décembre 1880, s'exerce au moyen d'une liste contenant au moins les noms de trois candidats sur lesquels doit porter le choix du ministre.

ART. 6. Les professeurs délégués, les maîtres auxiliaires chargés des enseignements accessoires, les surveillants et les secrétaires agents comptables sont nommés par le préfet.

ART. 7. Le personnel chargé de l'enseignement technique est nommé par le préfet, sur la désignation de la commission de surveillance et de perfectionnement instituée auprès de l'établissement par le conseil municipal.

La commission dresse pour chaque emploi une liste de trois candidats, parmi lesquels le préfet exerce son choix ; cette liste est accompagnée de certificats signés par les membres de la commission et attestant les capacités professionnelles des candidats.

ART. 8. La situation des surveillants et du secrétaire-agent comptable est réglée, en ce qui concerne les conditions de leur nomination et les conditions d'avancement, par arrêtés du préfet de la Seine.

Art. 9. Sont applicables aux directeurs des écoles professionnelles de la ville de Paris les dispositions de l'article 11 du décret du 17 mars 1888.

Art. 10. Les professeurs titulaires doivent être pourvus soit du certificat d'aptitude au professorat des écoles normales et des écoles primaires supérieures, soit d'une licence, soit du certificat d'aptitude de l'enseignement secondaire spécial (lettres ou sciences). Pour les professeurs de dessin et de langues vivantes, ces titres pourront être remplacés par le certificat d'aptitude spécial à l'enseignement dont ils sont chargés, tel qu'il est prévu par les règlements organiques de l'enseignement primaire. Les professeurs de dessin pourront être nommés sur la présentation du titre ou diplôme d'ancien élève d'une école technique reconnu équivalent par les deux ministres après avis de la commission permanente du Conseil supérieur de l'enseignement technique.

Art. 11. Les professeurs délégués et les maîtres adjoints chargés de classe doivent satisfaire aux conditions déterminées par l'article 7 de la loi du 30 octobre 1886, et être pourvus, soit du brevet supérieur, soit d'un baccalauréat.

Art. 12. Les maîtres auxiliaires pour les enseignements accessoires doivent être pourvus du titre de capacité correspondant aux fonctions qu'ils exercent, et tel qu'il est prévu soit par la loi, soit par les règlements universitaires. A défaut du titre requis, ils ne peuvent être que délégués dans leurs fonctions par le préfet, dans les conditions spécifiées par le second paragraphe de l'article 28 de la loi du 30 octobre 1886.

Art. 13. Les directeurs, les professeurs titulaires et les maîtres adjoints sont répartis en cinq classes. Ils ne peuvent être promus à une classe plus élevée qu'après avoir passé trois années au moins dans la classe immédiatement inférieure.

Art. 14. Le nombre d'heures de classe exigibles chaque semaine est fixé à seize heures au minimum et à dix-huit heures au maximum pour les professeurs titulaires, à vingt heures au minimum et à vingt-quatre heures au maximum pour les maîtres adjoints.

Il pourra leur être demandé des heures supplémentaires chaque fois que les besoins du service l'exigeront.

Art. 15. Les secrétaires-agents comptables sont chargés, en outre de la tenue des écritures et dans les conditions spécifiées par le règlement d'administration publique du 28 décembre 1878 : 1° des recettes et des payements concernant les rapports de l'école avec les particuliers et avec la ville de Paris; 2° de la comptabilité en deniers et en matières.

CHAPITRE II.

FIXATION DES TRAITEMENTS.

ART. 16. Le traitement des directeurs est fixé ainsi qu'il suit :

5ᵉ classe..	4,000ᶠ
4ᵉ classe..	4,500
3ᵉ classe	5.000
2ᵉ classe	5,500
1ʳᵉ classe...	6,000

Ils reçoivent en outre l'indemnité de résidence de 2,000 francs prévue à l'article 12 de la loi du 19 juillet 1889.

Ils ont droit au logement ou à l'indemnité représentative.

ART. 17. Le traitement des professeurs titulaires est fixé ainsi qu'il suit :

5ᵉ classe..	1,800ᶠ
4ᵉ classe..	2,100
3ᵉ classe..	2,400
2ᵉ classe..	2,700
1ʳᵉ classe...	3,000

Dans ce traitement est comprise l'indemnité spéciale prévue par l'article 20 de la loi du 19 juillet 1889.

Les professeurs titulaires reçoivent en outre l'indemnité de résidence de 2,000 francs prévue à l'article 12 de la loi du 19 juillet 1889.

Ils ont droit au logement ou à l'indemnité représentative.

ART. 18. Pour les heures supplémentaires qui peuvent leur être demandées comme il est dit ci-dessus à l'article 14, les professeurs titulaires recevront une indemnité non soumise à retenue, calculée sur le pied de 300 francs par an pour chaque heure d'enseignement par semaine.

ART. 19. Le traitement des maîtres adjoints est fixé ainsi qu'il suit :

5ᵉ classe	1,100ᶠ
4ᵉ classe	1,300
3ᵉ classe	1,600
2ᵉ classe	1,900
1ʳᵉ classe	2,100

Ils reçoivent en outre la même indemnité de résidence que les instituteurs titulaires de la ville de Paris, qui ne sont pas directeurs ou directrices d'écoles.

Ils ont droit au logement ou à l'indemnité représentative.

ART. 20. Les professeurs délégués n'ont pas de traitement fixe ; ils reçoivent une indemnité non soumise à retenue calculée sur le pied de 250 francs par an pour chaque heure d'enseignement par semaine.

ART. 21. Les maîtres chargés de diriger l'enseignement des travaux manuels sont répartis en cinq classes et ne peuvent être promus à une classe plus élevée qu'après avoir passé trois années au moins dans la classe immédiatement inférieure.

Ils reçoivent le même traitement et ont droit aux mêmes indemnités que les professeurs titulaires ou que les maîtres adjoints, suivant les titres et diplômes dont ils sont pourvus.

ART. 22. Les maîtres auxiliaires pour les enseignements accessoires n'ont pas de traitement fixe ; ils reçoivent une indemnité non soumise à retenue, calculée en raison du nombre d'heures d'enseignement qu'ils donnent par semaine.

Le taux de cette indemnité est fixé ainsi qu'il suit ;

Pour la comptabilité, de 250 à 350 francs par an pour une heure par semaine ;

Pour l'écriture et le chant, de 200 à 300 francs par an pour une heure par semaine ;

Pour la gymnastique et les exercices militaires, de 150 à 250 francs par an pour une heure par semaine.

Les maîtres chargés de ces divers enseignements débuteront aux taux minima ; ils pourront obtenir, après trois années d'exercice au moins, des augmentations successives de 25 francs par an jusqu'à ce qu'ils aient atteint les taux maxima.

ART. 23. Les traitements des secrétaires-agents comptables et des surveillants sont fixés par arrêtés du préfet de la Seine, en raison des ressources affectées à cet objet par le conseil municipal de la ville de Paris.

ART. 24. Les traitements des fonctionnaires des écoles professionnelles de la ville de Paris, ainsi que les diverses indemnités qui pourront leur être allouées, en vertu des articles qui précèdent, sont à l'avenir mandatés par le préfet. Ils seront payés mensuellement et par douzièmes sur le vu d'un état dressé par l'inspecteur d'académie directeur de l'enseignement primaire de la Seine.

CHAPITRE III.

COMMISSION DE SURVEILLANCE ET DE PERFECTIONNEMENT.

ART. 25. La commission de surveillance et de perfectionnement prévue par l'article 5 de la loi du 11 décembre 1880 comprend, pour les écoles professionnelles de la ville de Paris :

1° Le préfet, *président;*

2° De huit à douze membres nommés par le conseil municipal de Paris et pris soit parmi les conseillers municipaux, soit parmi les industriels et commerçants;

3° Un représentant du Ministre de l'Instruction publique;

4° Un représentant du Ministre du Commerce et de l'Industrie;

5° Un représentant de la direction de l'enseignement primaire de la Seine.

La commission nomme son vice-président.

Art. 26. La commission est chargée de veiller en général sur les intérêts matériels de l'établissement.

Elle délègue un ou plusieurs de ses membres pour s'assurer, par des visites mensuelles, de la bonne tenue de l'école; elle en désigne le médecin.

Elle prépare le budget de concert avec le directeur.

Elle dresse dans chaque école, pour l'enseignement technique, un programme spécial qui n'est exécutoire qu'après avoir reçu l'approbation des deux Ministres de l'Instruction publique et du Commerce et de l'Industrie.

Chaque année, au mois de juillet, la commission de surveillance et de perfectionnement entend la lecture du rapport du directeur sur la situation morale et matérielle de l'établissement. Elle en délibère et adresse aux deux Ministres ses observations et ses propositions par l'intermédiaire du préfet.

Art. 27. La commission de surveillance et de perfectionnement tient lieu, pour les écoles professionnelles de la ville de Paris, du comité de patronage prévu par l'article 42 du décret du 18 janvier 1887.

CHAPITRE IV.

DISPOSITIONS TRANSITOIRES.

Art. 28. Les fonctionnaires en exercice dans les écoles professionnelles de la ville de Paris lors de la publication du présent règlement sont dispensés de la possession des titres requis à l'avenir pour l'emploi qu'ils occupent.

Art. 29. Les fonctionnaires en exercice dans lesdites écoles à la date du 19 juillet 1889 conserveront les émoluments dont ils jouissaient alors, tant qu'ils resteront en fonctions.

Les retenues pour le service des pensions civiles seront opérées sur le taux du traitement déterminé par les articles 14, 15 et 20 de la loi du 19 juillet 1889 [1].

CHAPITRE V.

DISPOSITIONS SPÉCIALES.

Art. 30. Le présent règlement est applicable aux écoles professionnelles de filles, sous la réserve des modifications indiquées dans les articles suivants.

Art. 31. Les directrices doivent être pourvues du certificat d'aptitude au professorat des écoles primaires supérieures ou, à défaut de ce titre, du brevet supérieur et du certificat d'aptitude à l'enseignement du travail manuel.

Art. 32. Le traitement des directrices est fixé ainsi qu'il suit :

5° classe...	2,500ᶠ
4° classe...	3,000
3° classe...	3,500
2° classe...	4,000
1ʳᵉ classe...	4,500

Elles ont droit aux mêmes indemnités que les directeurs.

Art. 33. Les taux des traitements fixés par l'article 17 ci-dessus sont modifiés ainsi qu'il suit pour les professeurs titulaires des écoles professionnelles de filles :

5° classe...	1,400ᶠ
4° classe...	1,700
3° classe...	2,000
2° classe...	2,300
1ʳᵉ classe...	2,600

Art. 34. Sont rapportées toutes les dispositions antérieures contraires au présent décret.

---

[1] Rédaction de la préfecture de la Seine, approuvée par le Conseil municipal :

Art. 29. Les fonctionnaires en exercice dans lesdites écoles lors de la publication du présent règlement continueront, s'ils le désirent, tant qu'ils conserveront leurs fonctions, à être soumis aux dispositions des règlements municipaux alors en vigueur, tant pour la fixation du taux de leur traitement et la perception des retenues légales que pour les conditions de l'avancement auquel ils peuvent prétendre.

PROJET DE DÉCRET

relatif aux taux des primes pour connaissance des langues arabe ou kabile, aux taux des indemnités de résidence dans les territoires civils de l'Algérie, et aux allocations et indemnités diverses en territoire de commandement.

––––––––

Ce projet ayant été déjà l'objet d'un rapport à la Section, il n'a pas paru nécessaire d'en reproduire ici le texte ni les annexes déjà distribués au Conseil d'État.

FIN.

DÉCRET DU   MAI 1890

portant règlement d'administration publique sur le mode spécial
de classement et d'avancement des instituteurs et institutrices de Paris.

Le Président de la République française,

Sur le rapport du Ministre de l'instruction publique et des beaux-arts;

Vu la loi du 19 juillet 1889, notamment l'article 48, § 8, ainsi conçu : ·

« Il est statué par des règlements d'administration publique, ren-
« dus après avis du Conseil supérieur de l'instruction publique :

....

« 8° Sur un mode spécial de classement et d'avancement des insti-
« tuteurs et institutrices de Paris, en rapport avec les ressources af-
« fectées par le Conseil municipal de cette ville au personnel ensei-
« gnant de ses écoles . . . . . . » ;

Vu la loi du 30 octobre 1886 ;

Vu le décret portant règlement d'administration publique, en date
du 31 mars 1890 ;

Vu l'avis du Conseil supérieur de l'instruction publique en date
du 8 novembre 1889 ;

Le Conseil d'État entendu,

Décrète :

Art. 1er. Les instituteurs et institutrices attachés aux écoles publiques, primaires ou maternelles de la ville de Paris sont maintenus,

avec leurs titres et leurs émoluments actuels, dans des classes com-
portant les effectifs ci-après :

| | EFFECTIFS. | TRAITEMENTS. | |
INSTITUTEURS.	—	ADJOINTS.	DIRECTEURS.
5ᵉ classe...............	136	1,800ᶠ	//
4ᵉ classe...............	282	2,100	3,300
3ᵉ classe...............	330	2,400	3,700
2ᵉ classe...............	346	2,700	4,100
1ʳᵉ classe...............	428	3,000	4,500
INSTITUTRICES.			
5ᵉ classe...............	208	1,500ᶠ	//
4ᵉ classe...............	405	1,750	2,750ᶠ
3ᵉ classe...............	493	2,000	3,100
2ᵉ classe...............	458	2,250	3,400
1ʳᵉ classe...............	427	2,500	3,800

Le chiffre des émoluments ci-dessus indiqué tiendra lieu du traitement, du supplément de traitement et de l'indemnité de résidence
fixés par les articles 7, 8 et 12 de la loi du 19 juillet 1889.

Art. 2. L'avancement a lieu au fur et à mesure des vacances dans
les effectifs de chacune des classes mentionnées à l'article précédent.

Aucune promotion ne peut avoir lieu avant trois ans d'exercice
dans une classe.

Ne peuvent être promus dans les deux premières classes que les
adjoints et adjointes pourvus du brevet supérieur.

Art. 3. Les instituteurs et institutrices admis, après la promulgation
du présent décret, dans le personnel enseignant de la ville de Paris
seront compris dans un cadre dont les catégories, classes et proportions d'effectifs sont fixées comme suit :

Stagiaires.. 15 p. o/o

Titulaires...
{
5ᵉ classe............... 19 p. o/o
4ᵉ classe............... 18 p. o/o
3ᵉ classe............... 17 p. o/o } 85 p. o/o
2ᵉ classe............... 16 p. o/o
1ʳᵉ classe............... 15 p. o/o
}

Les titulaires qui remplissent les fonctions de directeur et de directrice sont également divisés en cinq classes.

Toutes les classes sont attachées à la personne et peuvent être attribuées sans déplacement.

Art. 4. Les traitements afférents à chacune des catégories et classes
établies par l'article précédent sont ceux inscrits dans les articles 7
et 11 de la loi du 19 juillet 1889.

Mais, à titre transitoire, les traitements des titulaires seront réduits,
s'il y a lieu, de façon que l'ensemble des émoluments fixés par les

articles 7, 8 et 12 de ladite loi n'excède pas l'ensemble des émoluments affectés à chacune des classes correspondantes par l'article 1ᵉʳ du présent décret.

Aʀᴛ. 5. Au fur et à mesure que le permettront les économies réalisées par suite de l'application du nouveau régime et les crédits qui pourront être affectés par le conseil municipal au personnel enseignant, le chiffre des traitements, provisoirement réduits par l'article précédent, sera élevé jusqu'à ce qu'il ait atteint le taux fixé par l'article 7 de la loi du 19 juillet 1889.

Cette surélévation s'effectuera en fin d'année par augmentations successives de 100 francs, en commençant par la classe la moins élevée, à parité de classe par celle des institutrices et, dans chaque classe, par l'instituteur ou l'institutrice dont le traitement sera le plus ancien.

Aʀᴛ. 6. Tant que l'effectif d'une des classes établies par l'article 3 ne sera pas complet, les instituteurs et institutrices pourront être promus à cette classe après deux ans d'exercice dans la classe immédiatement inférieure; mais, pour être compris dans les deux premières classes, ils devront être pourvus du brevet supérieur.

Lorsque l'effectif d'une classe sera complet la promotion à cette classe n'aura lieu qu'au fur et à mesure des vacances, conformément au paragraphe 1ᵉʳ de l'article 24 de la loi du 19 juillet 1889 et dans les conditions prescrites par ledit article.

Toutefois l'avancement se fera exclusivement sur l'ensemble du personnel des instituteurs et institutrices de la ville de Paris.

Aʀᴛ. 7. Les instituteurs et institutrices actuellement en exercice peuvent être admis dans une des classes ci-dessus visées et correspondant à celle qu'ils occupent, et le temps qu'ils ont passé dans cette dernière leur est compté pour l'avancement prévu à l'article 6.

Cette admission a lieu, sur leur demande, par ordre d'ancienneté et dans les limites de l'effectif de chaque classe.

Aʀᴛ. 8. Les vacances produites par l'application de la disposition précédente dans les classes mentionnées à l'article 1ᵉʳ ne donneront pas lieu aux promotions fixées à l'article 2.

Aʀᴛ. 9. Chaque année, avant le 31 janvier, il sera publié dans le *Journal officiel* un état, dressé au 31 décembre de l'année précédente, constatant le nombre des instituteurs et institutrices respectivement inscrits dans les classes de l'article 1ᵉʳ et dans celles établies par l'article 3.

Aʀᴛ. 10. Le Ministre de l'instruction publique et des beaux-arts est chargé de l'exécution du présent décret, qui sera inséré au *Journal officiel* et au *Bulletin des lois*.

DÉCRET DU   MAI 1890

portant règlement d'administration publique sur les conditions d'organisation et de fixation des traitements du personnel des écoles normales de la Seine. (Application de l'article 48, § 9, de la loi du 19 juillet 1889.)

LE PRÉSIDENT DE LA RÉPUBLIQUE FRANÇAISE,

Sur le rapport du Ministre de l'instruction publique et des beaux-arts;

Vu la loi du 19 juillet 1889, notamment l'article 17 et l'article 48, § 9, ainsi conçu :

« Il est satué, par des règlements d'administration publique rendus « après avis du Conseil supérieur de l'instruction publique....

« ....9° Sur les conditions spéciales d'organisation et de fixation « des traitements du personnel des écoles primaires supérieures et des « écoles professionnelles de la ville de Paris ainsi que des écoles nor-« males de la Seine»;

Vu la loi du 30 octobre 1886;

Vu les règlements organiques du 18 janvier 1887;

Vu l'avis du Conseil supérieur de l'instruction publique du 8 novembre 1889;

Le Conseil d'État entendu,

DÉCRÈTE :

ART. 1er. Le personnel administratif et enseignant des écoles normales du département de la Seine comprend :

1° École normale d'instituteurs.

Un directeur;

Un économe;

Un professeur d'histoire et de géographie;

Deux professeurs de grammaire et de littérature;

Un professeur de mathématiques;

Un professeur de sciences physiques;

Des maîtres chargés de l'enseignement des matières spéciales prévues par les règlements;

Trois maîtres internes, dont un pourra être chargé de l'enseignement manuel;

Deux ouvriers instructeurs (fer et bois).

2° École normale d'institutrices.

Une directrice;
Une économe;
Un professeur (femme) d'histoire et de géographie;
Deux professeurs (femmes) de grammaire et de littérature;
Un professeur (femme) de mathématiques;
Un professeur (femme) de sciences physiques;
Des maîtres ou maîtresses chargés de l'enseignement des matières spéciales prévues par les règlements;
Trois maîtresses internes.

Art. 2. Les traitements de la direction et de l'économat sont ainsi établis :

École normale d'instituteurs.... { Directeur.......... 6,000^f à 10,000^f
                                   { Économe.......... 4,000 à 6,000

École normale d'institutrices.... { Directrice.......... 6,000 à 9,000
                                   { Économe.......... 3,500 à 5,500

Les augmentations successives à attribuer à ces fonctionnaires sont fixées à 1,000 francs pour le directeur et la directrice et à 500 francs pour les économes et ne peuvent être accordées qu'après trois années de jouissance, au moins, du dernier traitement.

Art. 3. Les traitements des professeurs et des maîtres internes sont ainsi établis :

	Hommes.	Femmes.
1° Professeurs..................	4,500^f à 6,500^f	4,000^f à 6,000^f
2° Maîtres internes..............	2,400 à 4,000	2,400 à 3,600

Les augmentations successives à attribuer sont fixées à 500 francs pour les professeurs et 400 francs pour les maîtres internes et ne peuvent être accordées qu'après trois années de jouissance, au moins, du dernier traitement.

Art. 4. Les maîtres et maîtresses chargés de l'enseignement des matières spéciales reçoivent une allocation calculée à raison de 200 à 300 francs par an pour chaque heure d'enseignement par semaine.
Le taux de cette allocation est porté de 300 à 400 francs pour les cours de langues vivantes, de législation et d'instruction civique.
Les ouvriers instructeurs reçoivent une allocation fixe de 1,200 francs.

Art. 5. Il est alloué au maître chargé de la direction de l'école annexe et aux adjoints attachés à cette école un supplément de traitement fixé à 500 francs pour le directeur et à 250 francs pour les adjoints.

Art. 6. Le nombre d'heures exigible des professeurs de lettres et de sciences dans les deux écoles normales d'instituteurs et d'institutrices est fixé à 16.

DISPOSITIONS TRANSITOIRES.

Art. 7. Les titulaires des emplois supprimés sont maintenus dans leurs fonctions jusqu'à ce qu'ils aient été pourvus d'un autre emploi.

Les traitements qui seraient plus élevés que ceux qui ont été fixés aux articles 2 et 3 continueront à être attribués à ceux qui en jouissaient au 1ᵉʳ janvier 1890.

Art. 8. Sont rapportées toutes les dispositions contraires au présent décret.

Art. 9. Le Ministre de l'instruction publique et des beaux-arts, le Ministre des finances et le Ministre de l'intérieur sont chargés, chacun en ce qui le concerne, de l'exécution du présent décret.

AVIS [1]

sur la question de savoir quelle est la portion des émoluments alloués aux instituteurs dans les villes de plus de 100,000 âmes et dans les communes du département de la Seine visées à l'article 12, § 4, de la loi du 19 juillet 1889, qui doit être soumise à la retenue pour la retraite.

Le Conseil d'État, sur le renvoi ordonné par M. le Ministre de l'instruction publique et des beaux-arts, a examiné [2] les questions suivantes :

1° L'État doit-il, dans les communes visées à l'article 12, § 4, de la loi du 19 juillet 1889, continuer à faire subir la retenue à tous les instituteurs en exercice sur le chiffre des émoluments jusqu'ici soumis à retenue, tel qu'il résulte de la moyenne des trois années antérieures à l'exercice 1889?

2° L'État doit-il faire subir la retenue aux instituteurs entrant en exercice sur la partie de l'indemnité de résidence nécessaire pour parfaire, avec le traitement légal nouveau, les émoluments régulièrement soumis à retenue dont leurs prédécesseurs ont joui pendant les trois années antérieures à 1889?

3° L'État doit-il faire subir la retenue aux instituteurs entrant en exercice sur la partie du traitement légal qui est acquittée par la commune, en sus des quatre centimes représentant la part contributive de l'État?

Vu la loi du 19 juillet 1889, notamment les articles 10, 12 et 32;

Sur la première question :

Considérant que le 4° paragraphe de l'article 12 de la loi du 19 juillet 1889 a eu pour but de consolider, au profit des instituteurs en exercice dans les villes de plus de 100,000 âmes et dans les communes du département de la Seine visées audit paragraphe, leur situation de fait actuelle avec tous les avantages qu'elle comporte; qu'à cet effet la loi dispose que l'indemnité de résidence sera élevée, s'il y a lieu, pour assurer auxdits instituteurs le chiffre de leurs émoluments régulièrement soumis à retenue, tel qu'il résulte de la moyenne des trois dernières années; qu'il suit de là que ces émoluments constituent dans leur ensemble un traitement garanti qui doit supporter intégralement la retenue pour la retraite, conformément au principe posé dans l'article 32;

---

[1] N° 757 du Conseil d'État.
[2] Dans la séance du 1er mai 1890.

Sur la deuxième question :

Considérant que la règle insérée dans l'article 32, § 2, précité est contenue sous la rubrique « Dispositions transitoires »; qu'elle ne vise que les instituteurs qui étaient en fonctions lors de la promulgation de la loi et que dès lors elle ne saurait s'appliquer au personnel entrant en exercice postérieurement à la loi;

Sur la troisième question :

Considérant que la part contributive de la commune, destinée à parfaire, avec le produit des quatre centimes, le traitement légal nouveau, est une portion intégrante dudit traitement qui doit, dans son ensemble, être soumis à retenue, sans distinguer entre la part contributive de l'État et celle de la commune,

EST D'AVIS :

De répondre affirmativement sur la première et la troisième question et négativement sur la deuxième.

www.ingramcontent.com/pod-product-compliance
Lightning Source LLC
Chambersburg PA
CBHW072224270326
41930CB00010B/1984